외로워서
배고픈 사람들의
식탁

곽미성
지음

외로워서
배고픈 사람들의
식탁

여성과 이방인의
정체성으로 본 프랑스

어떤책

세상을 마주하는 어떤 감각

짙은 구름이 몰려오더니 어둠이 깔리고 하늘이 낮아졌다. 곧 비가 올 모양이다. 장우산을 한 손에 들고 걸음을 재촉한다. 꼬리에 꼬리를 물고 매연을 뿜어 대는 자동차 행렬과 퇴근길 인파로 뒤덮인 대로를 뒤로하고 서둘러 방향을 튼다. 주택가로 이어지는 골목으로 들어서자 한적함이 찾아든다. 저 멀리 길의 끝자락에 목적지가 보인다. 흰 셔츠에 검은색 조끼를 입은 낯익은 서버 아저씨가 테라스에 세팅된 테이블을 점검하고 있다. 그는 잠시 하늘을 올려다보더니 서둘러 안으로 들어간다. 흰색 식탁보가 깔린 테이블 위에는 식당의 로고가 박힌 접시와 식기, 와인잔이 가지런히 놓여 있다. 반가움과 안도감에 걸음이 느려진다. 파리 11구, 폴 베르트 거리의 비스트로 폴 베르트. 참 오랜만에, 다시, 이곳에 왔다.

문을 열고 들어서자 와인잔을 기울이고 있는 몇 무리의 사람들이 보였다. 주황색 간접조명과 고풍스러운 가구 들이 아늑하다. 세월과 함께 누적된 시큼한 와인의 향, 주방에서 풍겨 오는 고소한 소스 냄새에 마음이 설렌다. 손님들의 대화 소리와 바삐 오가는 서버들의 발걸음 소리, 리셉션에서 울리는 전화벨 소리로 초저녁의 식당은 벌써 활기차다.

바를 겸한 리셉션에 이름을 말하고 홀 서버를 따라 식당 내부로 깊숙이 들어갔다. 리셉션에서 전화를 받는 직원도, 자리를 안내해 주는 서버도 모두 10여 년 전 내가 이 식당에 처음 왔을 때부터 있던 사람들이다. 잊고 있다가도 몇 달 만에, 혹은 1년 만에 한 번씩 얼굴을 보면 반가운 마음이 앞선다. 다들 여전하시구나, 하는 생각에 우리 모두가 대견하다는 마음이 드는 건 내가 나이 들어서일까, 그동안 쉽지 않은 시간을 보냈기 때문일까? 그들도, 나도, 식당과 함께 늙어 가고 있다.

비스트로 폴 베르트에서는 저녁 7시 30분에 한 명의 식사를 예약하면 2인용 테이블이 촘촘히 붙어 있는 안쪽 자리를 차지할 수 있다. 8시가 넘어가면서 속속들이 도착하는 사람들과 홍

겨위지는 식당 전체의 분위기를 관망하기에 적합한 자리다. 내가 의자에 앉자 서버 아저씨는 1미터도 넘는 커다란 칠판 하나와 그 절반쯤 되는 작은 칠판을 가져와 테이블 주변에 기대어 놓아 준다. 계절에 따라 달라지는 저녁 메뉴와 10년이 넘도록 변하지 않은 스테이크 메뉴다. 여기에 와인 셀렉션이 담긴 메뉴판이 뒤따른다. 무엇을 먹어야 할지는 이미 알고 있다. 계절에 따라 주문해야 할 전식 요리만 바꿀 뿐이다.

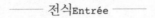

전식Entrée

지난봄에 와서는 아스파라거스 요리를 먹었다. 특별히 귀한 재료가 없는 여름엔 올리브유와 레몬에 절인 청어요리를 찐 감자와 함께 먹었을 것이다. 버섯을 좋아하는 내게 가을은 풍요로운 계절이다. 한 해 중 딱 세 달 동안만, 인공재배가 되지 않아 귀하다는 지롤girolle을 맛볼 수 있다. 은행잎처럼 노랗고 길다란 지롤은 소금과 파슬리만 넣고 센 불에 살짝 볶아 고유의 맛을 살려 먹는 것이 가장 맛있다. 나무 그늘 아래에서 평생을 보낸 식물만이 내줄 수 있는 음지의 맛과 강렬한 샛노랑의 색감, 입안을 감싸는 부드러운 식감에 취해 금세 한 접시를 비운다.

어느덧 주변 테이블에 사람들이 가득 들어찼다. 옆 테이블에 아버지와 아들로 보이는 두 남자가 앉았다. 만난 지 얼마 안 됐는지 자리에 앉으면서도, 메뉴판을 보면서도 대화가 끊이질 않는다. 말하는 쪽은 주로 아들이다. 여름휴가로 긴 여행을 다녀왔나 보다. 어젯저녁에 파리에 도착해서 시차적응이 덜 됐다는 둥, 누군가에게 집을 빌려주었는데 돌아왔더니 집 상태가 엉망이었다는 둥, 어리광 섞인 하소연이 한참 쏟아졌다. 비행기 노선이 어느 대륙으로 어느 나라를 거쳐 갔는지, 현지의 날씨는 어땠는지 아버지의 질문도 이어졌다. 부자 간의 대화는 각자 와인 리스트를 펼치면서야 중단됐다. 잠시 정적이 흐르고 대화는 돌연 진지해진다.

"레드로 하실 거죠?"

"응, 그게 좋겠지? 네가 좋은 걸로 골라 봐."

"그런데 볼로방 드신다고 하지 않았어요?"

"그랬지. 그럼 샤르도네Chardonnay가 낫긴 한데. 레드 마시고 싶으면 레드로 골라도 돼."

"그러면 부르고뉴Bourgogne나 보졸레Beaujolais 와인으로 해야겠네요!"

"부르고뉴로 하자."

"코트드본Côte-de-Beaune으로 하죠, 그럼."

몇 분간 심사숙고하던 두 남자는 주문을 마침과 동시에 다시 화기애애해졌다. 프랑스에선 두세 명의 남자들이 커피 한 잔을 앞에 두고 수다 삼매경에 빠져 있는 모습은 물론이고, 부자 간, 형제 간의 레스토랑 외출도 흔하게 볼 수 있다. 음식과 와인, 정치와 영화, 가족 여행 등 그들의 대화 내용을 듣고 있다 보면 굳이 술에 취하지 않아도, 일 이야기만 하지 않아도 우리는 사실 나눌 이야기가 이토록 많다는 자각을 하게 된다.

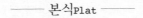

───── 본식Plat ─────

본식으로 역시 볼로방을 주문했던 나도 부자의 대화에서 힌트를 얻어 부르고뉴의 샤르도네 와인을 한 잔 주문했다. 아무리 고기요리라도 크림이 들어갔으니 화이트가 더 어울리겠구나, 옆자리 아들의 말을 떠올리고 마음속으로 고개를 끄덕이면서.

프랑스어로 볼로방vol-au-vent은 "바람에 날아간다"는 뜻이다. 이 식당에 우연히 처음 들어온 날, 이름에 반해 어떤 요리인지도 모르면서 주문했었다. "비상, 날아가다"라는 뜻의 "vol"이라는 단어에서 공항에서의 작별이 떠올랐고, "바람"이라는 뜻의 "vent"에 어딘가 낭만적인 구석이 있는 요리이리라 기대했었다. 그러고는 요리가 나오자마자 그것이 나의 상상에 지나지 않았음을 바로 깨달았다.

요리는 그냥 접시가 아니라 원통 모양으로 만든 수십 겹의 페이스트리 빵 속에 담겨 있었다. 그 안에는 버터와 마늘을 넣은 크림소스와 버섯, 닭고기와 내장 등이 들어 있었다. 당시엔 송아지 췌장, 닭 가슴살 정도밖에 인지하지 못했는데 알고 보니 볼로방의 가장 대표적인 재료는 닭 벼슬이었다. 그 쫄깃쫄깃한 식감의 주인공이 닭 벼슬이었던 것이다. 미리 알았다면 못 먹었을 텐데, 뒤늦게 깜짝 놀랐던 기억이 있다.

그날 재료가 무엇인지도 모르고 허겁지겁 한 그릇을 다 비운 나는 너무 배부른 나머지 "바람에 날아간다"는 의미와는 다르게 일어나 걷기도 힘들 정도가 되었다. 요리의 이름은 수십 겹의 페이스트리를 묘사한 표현임을 나중에 알았다.

더듬거리는 프랑스어로 교수 면접을 치르고, 수십 장의 서류를 챙겨 신경질적인 경시청 직원의 비위를 맞추며 체류증을 갱신하고, 그러는 사이사이 내가 외국인이라고 무시하는 게 아닐까, 하루에도 수십 번씩 의심하던 시절이었다. '프랑스적인 삶'은 고사하고 프랑스라는 나라에 대한 감각 자체가 사라져 있었다. 지구 반대편에서 꿈꾸던 자유와 낭만의 나라는 온데간데 없고 외로움과 두려움만 가득했다. 프랑스의 문화는 다가올 듯 하다가 멀어졌던 여고 시절 짝사랑의 추억처럼 실체가 없었다.

그런 내게 볼로방, 이 낭만적인 이름의 놀라운 요리는 생애 처음 육체의 감각으로 직접 경험한 프랑스였다. 그러므로 '프랑스의 맛'을 이야기하라면, 나는 이 볼로방을 말하겠다. 우선 볼로방은 세상에 이런 음식이 있다니, 싶을 정도로 맛의 신세계였다. 내장요리가 비리지 않고 고소한 맛을 낼 수 있는지도 몰랐고, 크림소스와 페이스트리, 버섯이 어우러지는 프랑스 요리 특유의 진한 감칠맛도 처음이었다.

그 후로 한 해에 두세 번씩, 어떤 해는 건너뛰기도 하면서 이곳에 왔다. 긴긴 여름 티격태격하며 여행을 하고서 아무렇지 않은 척 가족들을 배웅하고 난 다음 날에도, 하우스메이트가 몇 달치 월세를 지불하지 않고 잠적해 고스란히 책임을 떠안게 된 날에도, 지도교수가 1년 넘게 진행해 온 논문 주제를 갑자기 바꾸라고 요구한 날에도 이곳에 와서 볼로방을 먹었다. 인생의 길목에서 나를 압도하는 거대한 비바람을 마주칠 때마다, 나라는 존재는 아무도 모르게 이렇게 사라지는 게 아닐까 하는 불안 속에서 차라리 바람에 휩쓸려 그냥 날아가 버리고 싶을 때마다 볼로방을 먹었다. 이 구체적이고 명확한 실체를 몸으로 다시 느끼고 싶어서, 내가 사는 세계에서 나의 존재감을 확인하고 싶어서, 헛헛함을 삶의 온기로 채워 넣고 싶어서.

───── 후식Dessert ─────

볼로방을 먹고 나면 너무 배가 부르지만, 그래도 식사를 여기에서 끝내기는 길 건너에 불이 났더라도 다시 고려해 볼 일이다. 나의 인생 디저트가 이곳에 있기 때문이다.

수플레는 불어로 "soufflé", "부풀어 올랐다"는 뜻이다. 넣는 재료에 따라 전식 요리가 될 수도 있고, 달콤한 디저트가 되기도 한다. 디저트의 경우, 달걀흰자 거품에 밀가루와 버터, 커스터드 크림 등을 오븐에 넣고 구워 낸다. 이 식당은 오렌지 향이 감미롭게 풍기는 리큐어, 그랑 마르니에Grand Marnier를 넣어 상큼함을 더했다.

그릇 위로 부풀어 오른 빵의 모양새가 단조로워 보일 수도 있지만, 수플레는 아무 식당에서나 먹을 수 있는 디저트가 아니다. 오븐에서 막 꺼냈을 때 빵이 최대치로 부풀어 오르기 위해서는 세세한 조건들이 정확하게 맞아 떨어져야 하고, 무엇보다 미리 대량으로 만들어 놓을 수 없기 때문이다.

나는 달콤한 공기를 안은 채 한껏 몸을 부풀린 공갈빵의 자태에서 매번 한없는 다정함을 느낀다. 마치 이제 막 오븐에서 달려 나왔다며, 너에게 오렌지의 향기로움를 전해 주려고 최선을 다해 온몸으로 힘을 주고 있다고 말하는 듯하다. 모락모락 뜨거운 김이 오를 때 한 숟가락을 떠먹으면 커스터드 크림의 소박함과 상큼한 오렌지 향, 입안을 가득 메우는 빵의 온기에 미소가 절로 배어 나온다.

수플레를 한 입, 두 입 떠먹다 보면 눈 딱 감고 다시 삶을 믿어 보고 싶은 마음이 올라온다. 마음을 죄고 꽁꽁 붙들어 놓았던 그 모든 아픈 일들이 순간 '까짓것, 별거 아닐 수도 있지 않을까? 그냥 지나가는 바람이 아닐까?' 싶어진다. '어쩌면 인생은 이렇게 달콤한 것일 수도 있지. 아무 일 아닌 것처럼 또 한걸음 디뎌 보자' 하게 된다. 예전에 힘들었던 시간이 지금 보면 별일 아니듯이, 나의 미래는 최소한 지금보다는 나으리라고 최면을 걸고 싶어진다.

현재 프랑스에서 가장 왕성한 활동을 보여 주는 철학자 미셸 옹프레Michel Onfray는 《미식의 이성》에서 어떤 감각을 더 주효하게 사용하느냐에 따라 존재의 질이 달라진다고 이야기했다. 그는 장 브리야사바랭Jean Brillat-Savarin의 유명한 경구 "당신이 무엇을 먹는지 알려 주면 당신이 어떤 사람인지 알려

주겠소"를 가져와 이렇게 고쳐 썼다.

> 당신이 선호하는 것이 시각인지 후각인지 말해 주오. 그
> 러면 당신이 어떤 사람인지, 어떤 현실을 살고 있는지 알
> 려 주겠소.°

스스로를 돌아보고 마음을 살피는 일에는 각자 터득한 여러 가
지 방식이 있을 것이다. 옹프레의 말처럼, 그 일에 사용되는 감
각은 시각일 수도, 지각일 수도, 미각일 수도 있다.

내 경우엔 한 해 한 해 나이가 들수록 머리보다는 몸의 감각
이 더 많은 것을 준다는 생각을 한다. 논리와 이성이 아닌 몸의
감각이 스스로와 더 깊게 조우하는 통로가 된다고 느낀다. 세상
을 이해하는 일에서도 때로는 그렇다. 특히 프랑스의 경우에는
미식문화가 역사적으로 깊게 뿌리 내리고 있어서 이를 통해 사
회를 직관적으로 감각할 수 있다. 그런 의미에서 가끔 이렇게
오랜 시간 집중해서 혼자 먹는 식사는 값지다. 오랫동안 들여다
보지 않았던 '나'와 내가 지금 발 딛고 있는 이곳 프랑스 파리를
마주할 수 있기 때문이다.

°   Michel Onfray, *La Raison Gourmande*, Le Livre de Poche, 1997, p.237

내내 몸의 감각을 깨우며 내 안에만 온전히 몰입하는 시간을 보내고 나면, 문을 열고 나온 길 위에 비바람이 몰아치고 있다고 하더라도 경쾌한 발걸음으로 집으로 돌아갈 수 있다. 앞을 가로막고 있는 바위쯤이야 가볍게 폴짝 뛰어 넘어가면 되고, 그렇게 이 길을 무사히 지나고 나면 다음 길의 모퉁이에서는 새소리가 들려올 수도 있다. 어쩌면 인생은 심각하게 머리로만 생각할 일이 아닌지도 모른다.

차례

이방인의 식탁

탐욕스러운 사람들은 대부분 망명객이거나
영구 국외거주자입니다.

/ 애덤 고프닉, 《식탁의 기쁨》에서

유학생의 한 끼

김치 한 포기, 고추장 한 통 없이 기숙사에
덜렁 남겨진 우리들. 고작 밥 한 끼에 구차해지던
그 시절 우리에게 밥은 무엇이었을까.

오늘의 메뉴. 리옹의 전통요리 크넬
장소. 리옹의 어느 대학교 기숙사
참석자. 프랑스인 수험생 프레드, 중국인
유학생 왕샤오, 그리고 나

올해 초 한국에 잠시 머물 때였다. 밥 먹는 나를 물끄러미 바라

보다가 엄마가 물었다.

"너는 어떻게 그 먼 프랑스에 가서 살 생각을 했니?"

궁금하던 차에 나도 엄마에게 물었다.

"엄마는 어떻게 나를 보냈어? 사실 어린 나이였는데."

프랑스로 유학을 떠나기 전날 밤, 비행기 사고라도 나면 어떡하냐며 막막하고 무서운 기분을 처음으로 내색하는 내게 엄마는 대답했었다.

"그러면 그게 네 운명인 거지 뭐, 어쩔 수 있니?"

우리 엄마는 어쩌면 이렇게 단단할까. 나에게는 그것이 오랜 의문이었다.

프랑스에 정착한 지 올해로 18년이 되는 내게 엄마는 나만큼 오랫동안 생각해 왔을 대답을 바로 내주었다.

"너는 자기가 원하는 게 뭔지 잘 아는 애였으니까. 가서 잘 부딪쳐 나가리라는 믿음이 있었어."

내가 생각하는 나는 전혀 그렇지 않기에 무엇보다 놀라웠다. 같은 맥락에서 생각해 보면 내가 단단하다고 생각하는 만큼 엄마는 스스로를 약한 사람이라고 여기고 있을지 몰랐다. 어쩌면 우리 모녀는 서로의 굳건함에 스스로를 비추며 힘을 내 살아왔던 게 아닐까?

지금 와서 하는 생각이지만 프랑스 유학은 무모한 결정이었다. 대학에 적응하지 못한 채 재수를 할지 편입을 할지 방황하던 열아홉의 나는 영화를 공부하고 미술사 책을 읽으며 동경하게 된 프랑스 파리로 무작정 한 달 여행을 갔다. 배낭여행을 하며 유럽의 몇 개 도시를 돌아볼 마음은 처음부터 없었다. 오직한 도시 파리에서 루브르와 오르세, 퐁피두, 세 미술관만을 찬찬히 살펴볼 욕심만 있었다. 이 여행에서 유학을 결심했다. 우리 집이 부잣집도 아니었는데 어떻게 프랑스에서 공부하고 싶다는 마음 하나로 유학을 결심했는지, 앞으로 내 평생 이런 일이 다시 있을까 싶을 정도로 지금 생각하면 의아하기만 하다. 살면 살수록 작은 결정에도 고려해야 할 사항들이 많아지고, 그렇게 내린 결정이 이후의 나에게 얼마나 큰 영향을 미치는지 이제는 잘 알기 때문이다.

여행에서 돌아와 부모님을 설득하고, 허락을 받고, 떠날 준비를 하던 몇 달의 기억은 희미하다. 프랑스어 교육기관인 알리앙스 프랑세즈에서 발음법과 기초문법을 배운 일, 작별의 인사들, 눈물을 삼키며 마음을 추스르던 어느 술자리만이 아른거린다. 그렇게 헤어진 사람들은 오랫동안 그립고 아쉬웠다.

프랑스에 와서 사람들과 더불어 못내 사무치게 그립던 것이 바로 전기밥통이다. 짐을 쌀 때 밥통은 가져가지 않기로 결정했는데, 그렇게 오랫동안 괴로울 줄 몰랐다. 사계절의 옷가지, 좋아하는 음반과 책을 모두 집어넣고, 마치 프랑스에는 문구점도 슈퍼마켓도 없는 것처럼 공책과 문구류에 생리대까지 잔뜩 넣고 나니, 정작 프랑스에는 없을 것이 분명한 전기밥통과 밑반찬은 넣을 자리가 없었다.

그때의 나는 생각했다. 부피도 크고 무겁기까지 한 이 물건이 꼭 필요할까? 나는 밤낮없이 프랑스어 공부에만 빠져 지낼 것이고 학교에 들어가면 카메라를 들고 프랑스 친구들과 영화를 찍느라 바쁠 텐데. 거기에 전기밥통은 어울리지 않았다. 공부하느라 너무 바빠서 바게트 빵이나 샌드위치만 먹게 될지도 모르는데, 가서 무엇을 먹느냐의 고민은 하찮게 느껴졌다. 열아홉의 나는 철없이 자신만만했다.

대가는 가혹했다. 엄마까지도 믿음을 가지고 멀리 떠나보낼 수 있을 만큼 단단해 보였던 나는 프랑스에 없었다. 이게 다 밥심 때문이었다. 정확하게는 엄마 밥의 힘. 아니, 누군가의 노동력을 당연하게 무상취득할 수 있는 환경의 힘.

아무리 혼자 몸이라 해도 직접 요리를 해서 매 끼니를 챙기는 일은 그저 조금 부지런해서는 가능하지 않다. '엄청나게' 부지런해야 한다. 온종일 학교와 도서관에 있다가 저녁에 기숙사에 돌아가면 당장에 배가 고파서 뭔가를 해 먹을 기운을 내기가 힘들었다. 무엇을 먹을지 정하고, 장을 보고, 요리를 하는 과정에는 나의 예상보다 훨씬 긴 시간과 많은 노동이 필요했다. 일과 가사를 모두 해 왔던 엄마는 도대체 어떤 하루를 보냈던 것일까?

사실 가장 큰 어려움은 다른 곳에 있었다. 슈퍼에 가도 무엇을 사야 하는지 알 수가 없었다. 평생 먹어 온 밥과 반찬의 구성에서 어떻게 벗어날 수 있을지, 점심에 학생식당에서 먹는 스테이크, 감자튀김 혹은 샐러드, 샌드위치 말고 다른 프랑스식 요리에는 무엇이 있는지 전혀 감이 잡히지 않았다. 따뜻한 요리를 해 먹고 싶은데 된장, 고추장은커녕 밥통도 없고 밥이 될 것 같은 쌀도 찾기가 힘든 처지다 보니 뭘 어디에서부터 시작해야 할지 막막했다.

그리하여 얼마간 나의 모든 인간관계는 밥을 중심으로 이루어졌다. 학생 기숙사에 살아서 프랑스인, 외국인 할 것 없이 주변 친구들도 모두 비슷한 상황이었다. 외식을 할 만한 여유는 없었으므로 각자의 음식을 가져와 같이 먹으며 시간을 보냈다. 나는 외국인 친구들과 함께일 땐 샐러드나 와인을 가져갔고, 한국인 친구들과 함께일 땐 과일이나 후식을 사 갔다.

때마다 만나서 같이 밥을 먹는 일은 같이 공부를 하거나 운동을 하는 일과는 달랐다. 끼니를 함께하는 사람들 사이에는 누군가 마법의 가루라도 뿌린 듯 이상한 화학작용이 일어났다. 그 사이에서 어떤 이들은 사랑을 싹틔우기도 했으나(결혼까지 하게 된 사람들도 있다) 더 많은 이들은 감정의 방향이 어긋나 갈등의 시간을 보냈다. 그런 관계가 부담으로 작용하는 데에는 오랜 시간이 걸리지 않았고, 나는 그들과 점점 동떨어져 혼자 저녁을 먹었다. 저녁 9시가 넘어도 해가 지지 않는 프랑스의 생경한 여름 저녁, 노을 지는 기숙사 창가에 앉아 어서 밤이 되면 좋겠다고 생각하며 스파게티를 먹었다. 고적한 밤 사람 없는 맥도날드를 찾아 한국의 친구들에게 편지를 쓰며 햄버거를 우적거렸다.

그런 시간을 몇 달 보내면서 조금씩 내게 맞는 식사 메이트를 찾을 수 있었다. 우선 마음 맞는 한국인 유학생 언니들이 있었고, 매일 밤 기숙사 도서관에 늦게까지 남아 있다가 친해진 친구 두 명이 있었다. 회계사 시험공부를 하던 프랑스인 프레드와 의대에 편입해서 유학 중이던 중국인 왕샤오였다. 두 사람 모두 어학원생인 나보다 훨씬 바빴지만 유학생활이 길었던 만큼 요리에 능했다. 리옹의 전통요리라는 크넬quenelle도, 다양한 중국식 가지요리도 모두 그 시절 처음 먹어 보았다. 전공도 다르고 언어와 문화도 제각각이던 우리는 초급 프랑스어와 모두에게 외국어인 영어로 무디게 소통하면서도 언제나 깔깔거리며 재밌어했다. 덕분에 모두에게 힘들었던 한때를 견뎠다. 밥 한 끼에 구차해지고 외롭기도 했지만 더할 나위 없이 흡족하기도 했던, 그야말로 '밥의 위력'을 깨달았던 시절이다.

지금까지도 길게 이어지는 인연은 대부분 밥통이 없던 그 시절에 만난 사람들과의 인연이다. 같은 집에 살며 끼니를 함께하는 사람을 '식구'라고 한다. 지금은 다들 흩어져 함께 식사할 일이 1년에 한두 번 있을까 말까 하지만 내게는 여전히 그들이 식구고 가족이다.

최근 프랑스 정부는 '유학생의 한 끼'에 관심을 기울이고 있다. 교육부 산하 홍보기관인 캠퍼스 프랑스에 따르면 프랑스 정부는 2015년부터 크리스마스에 혼자 남아 있는 외국인 유학생들을 프랑스 가정으로 초대해 크리스마스 만찬을 함께하도록 주선해 왔다. 매년 파리, 리옹, 알자스 등 프랑스 각지에서 시행 중인데, 취지는 다음과 같다.

> 9월 신학기 시작과 더불어 학교생활 및 각종 행정 문제로 고달픈 시간을 보낸 외국인 학생들은 기숙사가 텅 비고 수업도 없는 크리스마스 시즌에 집으로 돌아가지 못한다. 그들에게는 이 시기가 쉽지 않을 것이다. (중략) (프랑스) 가정식은 크리스마스를 색다르게 즐기는 동시에 문화를 나누고 생각을 발전시킬 좋은 기회가 될 것이다.°

텅 빈 기숙사에 홀로 남아 외롭게 보냈던 프랑스에서의 첫 번째 크리스마스가 떠오른다. 그때는 상상할 수도 없던 프로그램이

° "Accueillir un Etudiant Etranger pour les Fêtes(명절에 외국인 학생을 맞이하세요)," *L'Asace*(Nov 30, 2017)

다. 프랑스 정부가 명절에 돌봐야 할 이웃으로 외국인 유학생까지 고려하기 시작했다는 사실이 흥미롭다. 세계의 인재들을 더 많이 데려오기 위한 유학생 유치사업의 일환이자, 크리스마스는 어려운 이웃들에게 베풀며 지내야 한다는 전통적인 가톨릭 정신의 발현이기도 할 테다.

낭트시의 경우, 작년 12월 이 행사를 홍보하며 "크리스마스에 가족을 입양하세요"°라는 슬로건을 걸었다. 크리스마스 식사 한 번에 '가족의 탄생'까지 연결짓는 발상이 재미있다. 함께 집밥을 먹으면 가족이 된다는 식구의 개념이 우리에게만 있는 것은 아닌가 보다.

° Margot, "Adopté un Etudiant Etranger pour Fêter Noël(크리스마스 파티를 위해 외국인 학생을 입양하다)," *Le Bonbon*(Dec 6, 2017)

여성에게 허락되지 않은 것

프랑스의 여성 배려 문화는 귀족시대의 유산이다.
때문에 전통적인 사고방식이 작동하는 공간에서 주로 발현되는데,
그 대표적인 장소가 레스토랑이다.

오늘의 메뉴. 내가 맛을 보고 결정한
이탈리아 와인
장소. 파리 11구의 이탈리아 식당,
아미치 미에이Amici Miei
참석자. 남편과 나

어느 나라에 가든 그 사회가 얼마만큼 남성 중심으로 돌아가는
지는 국경의 입구인 공항에서부터 느낄 수 있다. 18년 전 프랑
스에 막 도착했을 때, 아는 사람 한 명 없고 말도 통하지 않는 상
황에서도 안도감을 느꼈던 이유는 여기에 있을 것이다.

프랑스는 문화적으로 여성에 특히 신경을 쓴다. 일상의 소

소한 일들에서도 쉽게 드러나는데, 예를 들면 프랑스어로 남성과 여성의 존칭은 각각 "무슈Monsieur"와 "마담Madame"이다. 우리말로 "신사", "숙녀"라는 뜻인데 둘 중 언제나 "마담"이 앞에 온다. 안내방송에서 사람들을 부를 때, 혹은 서신의 첫머리에도 "마담, 무슈"로 부르지 절대 "무슈, 마담"으로 부르지 않는다. "신사 숙녀 여러분"이 아니라 "숙녀 신사 여러분Mesdames et Messieurs"이 전형이다. 이는 영어로도 마찬가지인데("Ladies and Gentlemen") 왜인지 우리나라에서 순서가 바뀌었다.

음식을 서빙할 때도 그렇다. 연장자가 많은 가족 테이블이든, 상하 관계가 뚜렷한 사람들의 테이블이든, 여성에게 가장 먼저 서비스가 제공된다. 남편과 함께 사람들을 만나는 자리에서도 여성 위주의 사고를 자주 접한다. 그들은 결정권이 남편보다는 나에게 있다고 여기고 내 의견을 먼저 묻고 귀담아듣는다.

하지만 요즘엔 소위 '레이디 퍼스트' 문화에 살짝 짜증이 날 때가 있다. 그 뒤에 숨겨진, 여성은 약자처럼 돌봐 주어야 할 존재라는 사고방식, 이에 따라 고착되었을 남성의 취향과 여성의 취향에 대한 편견 때문이다.

프랑스의 여성 배려 문화는 1970년대 여성해방 운동 이후에 형성된 것이 아니다. 여성을 귀하게 여기는 일을 일종의 매너라고 생각하는 부르주아 귀족문화에서 비롯되었다. 그러므로 남성이 여성의 보호자나 대변인 역할을 자처하는 사고방식이 주로 작동하는 곳은 전통적 가치가 드러나는 공간이고, 그중 레스토랑이 대표적이다.

가장 자주 벌어지는 일이면서도 매번 신경이 쓰이는 것은 와인 테이스팅이다. 식당에서 와인을 병으로 주문하면 서버는 손님 앞으로 병을 가져와 주문한 와인이 맞는지 우선 확인하게 하고 앞에서 병을 열어 맛보게 한다. 원하던 맛이 맞는지, 혹시 디캔팅이 필요한지, 온도가 적당한지, 상하지는 않았는지를 직접 판단하게 하기 위해서다. 내가 빈정 상하는 대목은 이 모든 과정의 대상이 되는 테이블 대표자 선정이다. 보통 열 번 중 일곱 번쯤의 빈도로 서버들은 주저 없이 남편을 대표자로 여기고 그의 잔에 와인을 따라 준다. 누가 테이스팅을 할 것인지를 묻는 빈도는 열 번에 세 번쯤이다. 단 한 번도 "마담"의 잔에 그냥 따라 주는 경우는 없었다(2012년, 여성을 미혼과 기혼의 구분 없이 모두 "마담"으로 표기하도록 공문서 법이 바뀌면서 프랑스는 사회문화적으로도 여성 모두를 "마담"이라고 부르는 분위기다).

내가 외국인이어서 와인을 잘 모른다고 생각했으리라 짐작하고 오랫동안 별다른 불만이 없었는데 최근 들어 의문을 갖게 됐다. 아무리 외국인이라도 와인이 프랑스만의 문화는 아닌데, 하는 생각이 들었고, 이런 차별이 프랑스인 남녀가 마주한 다른 테이블에서도 자주 벌어지고 있음을 알게 되었기 때문이다.

혹시 애초에 서버에게 와인을 주문한 사람이 맛을 보도록 하는 게 아닐까 가정도 해 보았다. 그래서 살펴봤더니 각자에게 하나씩 돌아가는 음식 메뉴판과는 달리 테이블당 하나씩만 배당되는 와인 리스트는 대부분 남자에게 주어지고 있었다. 그러니 두 사람이 상의해서 와인을 결정한다고 해도 서버에게 직접 주문하는 일은 대부분 와인 리스트를 가지고 있는 남자가 하게 되는 것이다.

와인 리스트를 보는 일도, 와인을 고르고 맛을 보는 일도 실질적으로 남자에게 맡겨지는 걸 보면, 프랑스에서 와인문화가 아주 오랫동안 남성의 영역으로 여겨져 왔음을 알 수 있다. 프랑스에서는 전통적으로 남성이 '알아서' 골라 주는 와인을 최상의 상태로 제공하는 것이 여성에 대한 나름의 배려가 되는지 모르겠다. 그러나 우리는 그런 배려가 차별로 느껴지는 시대를 살고 있지 않은가.

최근 몇 년 사이 인터넷 게시판에서 나와 같은 불만을 제기하는 프랑스 여성들의 글을 자주 목격할 수 있다. 와인의 생산과 유통, 소믈리에 분야에 종사하는 여성들이 많아지면서 나타나는 현상일 것이다. 관련 자료°를 보면 1995년 19퍼센트였던 프랑스의 여성 와인 양조 전문가(프랑스어로 "에놀로그œnologue"

라고 부른다)가 2010년에는 전체의 3분의 1로 늘었다. 포도 재배자도 1988년에는 전체의 13.5퍼센트가 여성이었던 반면, 2010년에는 그 비율이 28퍼센트에 달한다. 2017년에는 와인업계에 종사하는 여성들을 위한 협회도 만들어졌다. 와인 생산부터 판매, 홍보, 유통까지 와인을 둘러싼 모든 분야의 여성들이 모여 만든 'Women Do Wine(여성들이 와인을 만든다)'이라는 이름의 단체다. 이들의 취지는 간단하다. 남성 위주의 와인업계에서 여성의 영역을 더욱 넓혀 나가겠다는 것이다.

프랑스 고급 레스토랑의 또 한 가지 성차별은 남녀의 경제력, 즉 돈과 관련 있다. 몇 해 전 큰맘 먹고 최고급 레스토랑에 갔을 때의 일이다. 남편과 자리를 잡고 앉아 메뉴판을 펼쳤는데 어딘가 허전한 기분이 들었다. 메뉴판에 가격이 적혀 있지 않았다. 남편의 메뉴판에는 가격이 적혀 있다고 했다. 알고 보니 프랑스의 고급 레스토랑, 특히 옛날식 서비스를 하는 레스토랑들은 대접받는 위치에 있는 손님들이 가격을 생각하지 않고 마음껏 즐길 수 있도록 가격이 없는 메뉴판을 제공한다고 했다. 참으로 섬세하고 감동적인 배려가 아닐 수 없지만, 그 대접받는 사람들의 범주 안에 여성이 자동적으로 속해 있다니 머릿속

○　"Les Femmes et le Vin: un Véritable Supplément Dames(여성과 와인: 진정 영혼의 보충재인가)?" *Vin et Société*(Mar 25, 2014)

이 복잡해졌다. "가격 따위, 내가 알 바 아니지. 그런 건 남자들의 일이랍니다"하며 천진하게 즐길 수 있다면 좋으련만, 숫자 없는 메뉴판은 마치 내비게이션 없이 여행해야 하는 낯선 동네 같아서 결국 남편에게 요리 하나하나를 대며 "이건 얼마야? 이건?"하며 한참 동안 소곤거려야 했다.

비슷한 맥락에서 좀 더 일상적으로 겪게 되는 답답한 상황은 계산서를 둘러싸고 벌어진다. 프랑스에서는 대부분 계산을 앉은 테이블에서 한다. 계산을 하겠다고 이야기하면 서버가 계산서를 가져다주는데 매번, 늘, 한결같이, 프랑스의 서버들은 계산서를 남편에게 주고 갔다. 반반씩 계산하는지를 묻는 서버는 가끔 있지만, 누가 계산하는지를 묻는 서버는 아직 만나 보지 못했다. 우리 부부의 경우 외식비 예산을 공동 계좌에 넣어 두고 쓰기 때문에 누가 계산을 한다고 해도 상관은 없지만, 매번 남편이 본인 앞에 놓인 계산서를 들고 카드를 꺼내는 모습을 보고 있노라면 여러 가지 생각이 든다.

남녀 사이에 더치페이는 할 수 있지만 여성이 밥을 사는 일은 없다는 것일까? 그러면 안 된다는 것일까, 그런 일은 거의 일어나지 않는다는 것일까? 왜 대부분의 여성이 출산 이후에도 정년까지 일을 하는 사회에서 여전히 그런 사고방식이 주류를 형성할까? 실제로는 그럴 수도 없고, 그렇지도 않은 시대를 살고 있지만 겉으로나마 여전히 여성은 경제적으로 배려받아야 하는 존재로 놔두고 싶은 것일까? 혹시 이런 식으로 남녀의 임금차별이 정당화되는 것일까? 다양한 생각들이, 남편이 카드 비밀번호를 누르고 결제를 기다리는 몇 초 동안 떠오르는 것이다. 물론 불편하다면 내가 카드를 꺼내 "내 밥값은 내가 냅니다! 나도 그만큼의 경제활동은 하고 있다고요!" 외치거나 "잘못 짚으셨네요, 오늘은 내가 쏘는 날인데!" 할 수도 있지만, 굳이 그럴 이유는 또 뭐가 있을까 싶어 쓴 입맛을 다시며 자리에서 일어서고 만다.

이게 모두 다 배려의 의미인데 너무 꼬인 것 아니냐고 생각할 수도 있을까? 여성의 능력을 무시하는 것이 아니고, 더 대접해 주겠다는 건데 뭐가 문제냐고 할 수도 있을까? 나는 이런 배려가 필요한 이유 자체를 모르겠다. 와인을 고르고 맛보는 일, 먹을 음식의 가격을 가늠하고 돈을 내는 일, 어디에서도 나는 약자이고 싶지 않다. 누가 나의 역할을 배려라는 이름으로 제한하고 있는가? 도대체 왜? 이렇게 배려할 것이 아니라 남녀의 임금차이, 고용 불평등의 문제를 신경 써서 함께 고민해야 하지 않을까?

최근에 남편과 갔던 한 이탈리아 식당에서의 일이다. 와인을 주문하자 여성 서버가 다가왔다. 우리 두 사람에게 와인 라

벨을 확인시켜 준 그녀는 별말도 없이 와인 병을 열고 자연스럽게 내 잔에 따라 주었다. 묻지도 않고 나에게 테이스팅을 맡긴 첫 서버였다. 속으로 놀랐지만 나는 아무렇지도 않게 잔을 들어 신중하게 맛을 보고 좋다는 신호를 했다. 와인을 따라 주고 그녀가 멀어지자 평소 나의 불만을 잘 알고 있던 남편이 미소를 지으며 말했다.

"여자들의 연대가 드디어 시작됐군."

식사를 마치고 요청한 계산서 또한 그 서버가 가져다주었다. 계산서는 우리 두 사람 사이, 정확히 중간 지점에 놓였다. 그날의 계산은 물론 내가 했다. 아니, 정확히 말하자면 내 카드를 사용했다.

식탁의 기쁨과 슬픔

163센티미터의 키에 25킬로그램의 몸무게.
크리스텔은 먹지 않고는 연명할 수 없는 시간을
겨우 버티고 있었다.

오늘의 메뉴. 기억하지 못함

장소. 브르타뉴에서,
가족모임의 기름진 식탁

참석자. 먹지 못하는 크리스텔과
식탐 많은 나, 그리고 가족들

남편의 사촌동생인 크리스텔은 결혼을 하고도 한 해가 지나서
야 처음 만났다. 대부분의 시댁 식구와는 인사를 했고 시부모님
과 특히 친한 크리스텔의 부모님과는 편하게 농담도 주고받는
사이가 되었지만 그녀는 좀처럼 만날 수가 없었다. 그럼에도 가
족들이 모인 자리에서 크리스텔은 늘 화제가 되었다. 식사가 끝

나 가고 술기운이 오를 즈음, 누군가 어렵게 그녀의 안부를 묻고 나면 모두의 얼굴에 근심이 어렸다. 그녀의 아버지는 덤덤하게 최근에 측정한 몸무게와 의사의 소견을 말해 주었고, 가족들은 안도의 탄식을 내뱉거나 걱정의 한숨을 쉬었다. 당시 스물여덟이었던 그녀는 163센티미터의 키에 25킬로그램 안팎의 무게로 생을 버텨 내고 있었다. 거식증을 앓은 지 이미 10년이 지나가고 있던 때였다.

그녀를 처음 보았을 때의 놀라움을 잘 기억하고 있다. 놀랐다기보다는 충격을 받았다고 해야 할 것이다. 사람들의 시선을 힘들어한다는 이야기를 듣고 반드시 아무렇지도 않게 대하리라, 절대 몸에 시선을 주지 않으리라 마음먹고 있었는데도 그랬다. 그녀는 느릿느릿 차에서 내려 힘들게 떼는 한 걸음에도 주변의 부축이 필요한 상태였다. 당장에 달려가서 안아 올리고 싶을 만큼 무척 위태로워 보였다. 그래도 그때까지는 괜찮았다. 달려가 인사를 하며 얼굴을 마주보았을 때의 충격을 생각하면. 말 그대로 뼈 위에 가죽만 남은 피로한 표정의 노인이 나를 보고 있었다. 내 눈에 스치는 놀라움과 당혹감을 그녀는 분명 읽었을 것이다. 그 생각을 하면 지금도 미안한 마음이 든다.

크리스텔은 사람들과 최대한 섞이기 위해 노력했다. 모두와 함께 식탁에 앉았고 누구의 말에도 재미있는 대답을 내놓아서 좌중을 웃겼다. 날카롭지만 뛰어난 유머감각이 인상적이었다.

그녀가 유일하게 예민했던 순간은 사람들의 스마트폰이 살짝이라도 본인을 향할 때였다. 사진 찍히는 것을 극도로 피했고 늘 능숙하게 카메라를 피해 다녔다. 당시에는 본인의 몸에 대한 사람들의 시선을 불편해한다고 짐작했는데 지금은 다르다. 어떻게든 남겨지는 것이, 그때의 모습으로 기억되는 것이 싫었을 것 같다. 사진은 어쨌거나 영구적이니까.

식이장애로 생명의 위기를 몇 번이나 넘긴, 정상적인 생활이 불가능한 환자 앞에서 식사를 하는 일은 편치 않았다. 이것저것 주는 대로 먹어 대는 나를 보며 혹시 비위가 상하지는 않을까, 넘쳐 나는 식탐을 주체하지 못하는 돼지로 여기지는 않을까, 어쩌면 이렇게 마음껏 식사하는 내 모습이 그에게 상처가 되지 않을까, 일종의 폭력이 되지 않을까, 온갖 생각이 먹는 내내 머릿속을 헤집고 다녔다. 도저히 고개를 들 수가 없어 내내 접시만 바라보며 먹었다.

솔직히 말하면 그날 우리가 무엇을 먹었는지, 아니 크리스텔이 무엇을 먹었는지, 무엇을 먹기는 했었는지, 자리에 계속 있기는 했는지 전혀 기억이 나지 않는다. 정수리만 보여 주며 꾸역꾸역 식사를 하던, 끊임없이 음식을 입에 넣고, 와인잔을 홀짝이던 내 모습과 커다란 식탁 저 맞은편에서 이를 피곤하게 바라보는 크리스텔의 모습만이 3인칭의 시점으로 떠오른다. 루치안 프로이트의 작품 중 하나일 것 같은, 적나라하면서 쓸쓸한 초상화로 말이다.

최근, 오랫동안 잊고 있던 그날의 식사가 머릿속에 불쑥 떠올랐다. 그녀와는 아무 상관도 없는 식사 자리였다. 레스토랑에서 서로 잘 모르는 여러 명과 업무상의 식사를 하게 됐고, 나를 제외한 모두가 남성인 상황이었다. 평소 좋아하는 식당이었고, 특별히 예민한 주제를 다루는 자리는 아니었으므로 나는 메뉴판을 주의 깊게 살피고 전식, 본식, 후식으로 이어지는 조화로운 식단을 고민하며 기대에 차 있었다. 요리는 훌륭했고 테이블의 분위기도 고양되었다. 식사와 음주가 대강 마무리되자 드디어 종업원이 다가와 디저트를 하겠냐고 물었다. 내내 기다리던 순간이었다. 그러나 이럴 수가! 사람들은 서로의 얼굴을 번갈아 바라보며 배가 너무 불러 더 이상은 못 먹겠다고 고개를 저어 댔다.

'혼자라도 먹는다고 할까? 그러면 모두가 지켜보는 가운데 혼자 먹게 되는 건가? 다들 여자가 왜 저렇게 먹어, 저러니 살이 찌지, 생각하지 않을까? 그냥 먹지 말자, 다이어트도 하고 좋지 뭐. 아니야, 다른 사람의 눈을 의식하느라 먹고 싶은 걸 못 먹는 건 너무 굴욕적이지 않나?' 수많은 생각과 자책이 머릿속을 오갔다. 그러는 동안 내 머릿속의 사정을 짐작도 못 한 사람들은 자리를 정리하고 일어섰다. 먹다 말고 쫓겨 나온 듯한 떨떠름함을 안고서 집으로 돌아가는 지하철 안에서 크리스텔이 떠올랐다. 식탁 위 타인의 시선과 나의 식탐을 처음으로 불편하게 의식했던 그날의 장면이.

살면서 심각하게 다이어트를 실행한 횟수가 손에 꼽을 정도인 나는 거식증과는 거리가 먼 사람이지만 타인의 시선, 사회의 시선 앞에 놓인 식욕의 문제에서는 크리스텔과 다를 바 없다는 생각이 든다. 남편을 비롯해 크리스텔과의 식사 자리에 함께 있었던 사람들은 그녀를 걱정하면 했지, 나처럼 불편해하지는 않았다.

내가 그날 인지한 것은 크리스텔이 아니라 내 안의 또 다른 나였을 것이다. 나는 식탐을 부끄럽게 여기고 먹는 일에서 불안감을 느끼는 나와 함께 식사를 했던 것이 아닐까. 그 불안의 근원을 따라가 보면 몸무게 걱정을 넘어서는, 욕망하고 욕심내는 것에 대한 자기검열이 있다. 쾌락에 대한 욕망, 즐거움을 향한 욕심은 여성으로서 드러내면 안 된다는 무의식 말이다. 어린 시절부터 잘못 학습된 여자다움에 대한 강박은 아무리 지우려 해도 끈질기게 살아남아 성인이 된 후의 식탁에까지 올라왔다.

심한 거식증 환자들이 그렇듯이 크리스텔은 먹는 모습을 절대로 남에게 보여 주지 않았다. 부모 앞에서도 먹지 않았다. 침대 밑, 베개 아래 등 방 곳곳에 먹을 것을 숨겨 두고 혼자서 몰래 조금씩 먹었다. 그래 봐야 제대로 된 음식은 아니었고 사탕, 과자 같은 군것질거리와 위스키, 럼주와 같은 독한 술이었다. 열세 살쯤 시작된 식이장애는 스물여섯이 될 때까지 강도가 심해졌고, 내가 그녀를 만났을 때는 이미 병원에서도 치료가 불가능하다는 진단을 내린 뒤였다.

병세가 위중해진 몇 해 전, 크리스텔은 한 달만이라도 독립해서 생활해 보고 싶다면서 집 가까운 곳에 살 곳을 얻어 달라고, 유독 관계가 돈독했던 아버지에게 간곡히 부탁했다. 한 달 동안 그곳에서는 잠만 잔다는 조건으로, 그의 부모는 집에서 조금 떨어진 숲속에 경치 좋은 별장을 얻어 주었다. 아버지는 매일 아침 차를 몰고 딸을 데리러 가 주변에서 함께 하루를 보내고 저녁마다 다시 숙소에 데려다 주었다.

어느 저녁, 크리스텔은 차에서 내리기 전 아버지에게 "그동안 정말 고마웠어요. 사랑해요"라고 말하며 그를 가만히 안았다. 그게 딸의 마지막 인사일 줄 아버지는 알았으리라. 하지만 먹는 모습을 남들에게 보이고 싶어 하지 않았듯이, 딸은 침대에 누워 숨을 거두는 일 또한 누구에게도 보이고 싶어 하지 않음을 아버지는 이해하고 있었다.

크리스텔을 생각할 때마다 마지막 인사를 남기고 멀어지는 딸의 뒷모습을 차 안에서 오래 바라보고 있었을 그 아버지가 떠오른다. 그는 이미 오래전부터 그 순간을 준비하고 있었을 것이다.

병의 원인이 무엇이었을지, 깡마른 모델들의 몸을 이상적으로 비추는 패션잡지 때문인지, 무언가를 향한 거부와 항의였는지 정확한 답은 알 수 없다. 중요한 것은, 매일의 식사와 관련이 있는 이 병은 누구의 이야기도 될 수 있다는 사실이다. 이토록 먹는 일에 공공연히 탐닉하고 사는 나조차도 그것이 수치스러운 기분을 가끔은 알 것 같으니 말이다.

프랑스 친구의 초대

부르고뉴 지방에서의 2박 3일은 지금 생각해도 비현실적이다.
하지만 나에게 베풀어진 온전한 호의 덕분에 이후 나는
프랑스라는 현실에 발을 딛을 수 있었다.

오늘의 메뉴. 빵과 치즈, 부르고뉴 와인
장소. 부르고뉴 포도밭
참석자. 에릭과 나

지금 생각하면 공황장애 같은 것이 아니었나 싶다. 10개월의
프랑스어 어학연수를 마치고 입학한 학교생활은 쉽지 않았다.
외국인은 전교에서 손에 꼽을 정도였고, 자주 멈칫하고 잘 틀
리는 나의 프랑스어를 마주한 교수들은 하나같이 막막한 표정
을 감추지 못했다. 나를 보는 모두의 얼굴에서 "너는 왜, 어쩌려

고……"하는 말줄임표가 떠오르는 것 같았지만, 내 머릿속엔 그저 점수를 잘 받아서 낙제를 면해야 한다는 절박함뿐이었다. 몸이 이상하게 반응하고 있음을 깨달은 것은 그렇게 한 학년을 마치고 새 학기가 시작되었을 때였다. 매일 아침 학교에 가는 내내 심장이 심하게 두근거렸고, 날은 추운데 온몸에서 식은땀이 났다. 어느 날 지하철 안에서 눈앞이 깜깜해지며 공포가 몰려오는 순간을 경험하면서야 비로소 생각했다. 내가 과도하게 긴장하며 불안해하고 있구나. 그런데 왜?

지금은 스스로를 다그치는 성격이 내 만병의 근원임을 알고 있지만, 그때의 나는 학업 때문에 몸이 아프기까지 하다고 인정할 수 없었다. 어떤 이는 밤새 기숙사 샤워실에서 영어사전을 통째로 외워 하버드에 합격했다는데, 나는 어젯밤에도 잠만 쿨쿨 잘도 잔 한심한 애가 아닌가. 그런 내가 무슨 스트레스?

스무 살의 나는 심장이 과도하게 뛰는 이유가 분명 남자 때문이라고 생각했다. 사는 동네가 가까워 지하철에서 자주 마주치다가 친해진 같은 반 남자아이 에릭 때문이라고. 등굣길은 학교에 가는 길이기도 하지만 그 친구를 만나는 길이기도 하니까. 시네마테크에 함께 다니고, 전화통화도 자주 하는 사이가 됐지만, 언제부터인가 아침이 되면 오늘은 마주칠까, 무슨 이야기를 할까, 자꾸 신경이 쓰였다. 내가 에릭을 좋아하나? 그도 나를 좋아하나? 프랑스 애들은 연애를 어떻게 시작할까? 그런 생각으로 등굣길은 더욱 긴장되고 불안했지만, 나의 식은땀을 알 리가 없는 그는 늘 똑같이 사려 깊고 다정하며 단정하고 무뚝뚝했다.

그런 와중이었다. 금요일 오후 4시의 연기 연출 수업. 11월의 날씨는 쌀쌀했고, 벌써 어두워진 창밖으로는 추적추적 비가 내리고 있었다. 몇 명의 아이들이 무대에서 주어진 상황에 따라 즉흥연기를 하고 있었고, 강의실은 화기애애했다. 집중해서 무대를 보고 있는데 옆자리의 에릭이 갑자기 말을 걸었다.

"오늘 저녁에 우리 부모님 댁에 같이 갈래?"

내가 뭘 잘못 들었나, 나한테 하는 말이 맞나, 의아해하며 고개를 돌리니 그는 나를 바라보지도 않고 앞만 보면서 덧붙였다.

"참고로 이 수업이 끝나기 전에 결정해야 해. 7시에 출발할 거거든."

"너희 부모님 댁? 저녁 먹으러 가는 거야?"

"아니. 저녁은 못 먹을지도 몰라. 가다가 휴게소에서 먹어야겠지."

"뭐라고? 부모님 댁이 어딘데?"

"부르고뉴 지방에 있는 시골이야."

"오늘 저녁에?"

말없이 고개를 끄덕이는 그의 옆모습을 보며 머릿속에 수십 가지 의문이 지나갔다. 둘이서 몇 시간을 달려 여행을 한다고? 애는 왜 내게 이런 제안을 하는 거지? 혼자 가기 심심하다는 생각을 하던 차에 내가 우연히 옆자리에 앉아서 그냥 물어봤을까? 프랑스 애들은 남녀가 사귀지도 않는데 이런 여행을 가나? 그럼 부모님 댁에서 자고 온다고? 애를 믿을 수 있을까? 부르고뉴라면 포도밭도 많고 재미는 있겠네. 무슨 옷을 가져가지? 카메라 충전을 해 뒀었나? 이미 여행 가방을 싸고 있는 내 머릿속을 읽었는지 그가 말했다.

"7시에 우리 집 앞에서 만나자."

이런 중대한 결정을 단 몇 분 만에 해도 될까? 왠지 속을 들킨 것 같은 기분이 탐탁지 않아 한마디 던져 본다.

"기다려 봐. 생각 좀 해 보고. 널 믿어도 되는지."

그제야 그는 나를 돌아보더니 안 그래도 큰 눈을 동그랗게 뜨며 말했다.

"왜? 뭘 못 믿어? 나 비 와도 운전 잘해. 걱정 마."

그래, 역시 그냥 친구로서 집에 초대하는 거였어······. 프랑스 친구의 첫 시골집 초대였다.

파리에서 약 세 시간을 쉼 없이 달려 프랑스 중부의 시골마을에 도착하며 에릭이 이제 다 왔다고 한 순간이 또렷이 기억난다. 가로등도 없이 캄캄한 숲길을 달리다가 도착한 집 앞에는

〈미녀와 야수〉 혹은 〈드라큘라〉 같은 영화에서나 볼 법한 거대한 철문이 있었다. 문은 영화에서처럼 자동으로 열렸는데 문을 지나서도 차는 멈추지 않았다. 하루의 피곤과 긴장에 반쯤 넋이 나가 있다가 나는 깜짝 놀라 고개를 든다. 아니, 아무리 정원이 크다고 해도 보통의 주택은 대문을 지나면 바로 집이 아닌가? 차는 (내 느낌으로) 한참을 들어갔다. 그리고 나타난 집은, 당시의 내 눈에는 거대한 성이었다. 온 생을 도시의 아파트에서 산 나로서는 벌써부터 비현실적이었다. 이를 시작으로 부르고뉴 여행은 그때까지 내가 경험한 모든 문화적 지표를 너무나 훌쩍 넘어서는 수준이어서 여행 내내 나는 꿈을 꾸고 있는 기분이 되었다.

집 안으로 들어서니 거실의 벽난로에서 장작이 타고 있었다. 내게 늘 어른처럼 굴던 친구는 갑자기 귀염둥이 막내아들이 되었다. 어머니도 아버지도 모두 친구를 품에 안고 입을 맞추고 머리를 쓰다듬으며 "잘 지냈니, 내 병아리" 같은 말로 애정을 표현했다. 그 또한 내 눈에는 익숙지 않은 광경이었다. 성인이 된 아들에게 일상적으로 사랑을 표현하는 아버지라니! 이 장면이 너무 인상적이라 나중에 에릭에게 그 모습을 흉내내며, "너 부모님 앞에서는 완전 애기더라? 우리 병아리?" 했더니 그는 되레 정색하며 너희 집은 안 그러냐고 되물었다. 알고 보니 프랑스의 부모 자식 간에는 평범한 장면이었다.

부모님은 파리에서 대학에 다니다가 만나 결혼하셨고, 퇴직 후 두 분의 고향인 부르고뉴에 다시 돌아와 살고 계시다 했다. 그들은 아들이 데려온 외국인 여자아이를 마치 예정된 손님인 것처럼 편하게 대했다. 같이 온다는 친구가 여자인 줄 몰랐다는 사실은 어머니가 건네는 몇 가지 질문으로 알 수 있었다. 어머니는 눈을 크게 뜨며 "정말 같은 방 쓰는 거 아니라고?"라고 몇 번을 묻다가 "밤에 몰래 만날 필요는 없어" 웃으며 덧붙이셨다. 아니라고 손까지 휘젓는 우리를 의심의 시선으로 바라보면서. 그때의 나는 속으로 '당연한 거 아닌가요?' 대답하며 집이 이렇게 큰데 화장실도 욕실도 따로 쓰면 좋겠다고 생각했다. 프랑스인 부모로서는 그게 더 이상해 보였겠지 싶어 지금은 웃음이 나지만 말이다.

부엌의 커다란 목재 식탁에 둘러앉아 와인을 마시고 빵과 치즈로 밤늦은 요기를 하고 나서 우리는 각자의 방으로 갔다. 계단을 올라가는데 복도에 에릭과 그의 형, 누나의 얼굴을 본뜬 석고 부조 작품들이 걸려 있었다. 보통 한국의 집이라면 가족사진이 있을 자리인데 참 다르구나. 태어나서 처음 보는 멋진 소품들에 살짝 이질감이 느껴지면서도 멀리 떠난 자식들에 대한 뜨거운 그리움이겠거니 싶어 뭉클했다.

그 밤, 마지막 층 손님방 침대에 누워 한참 천장을 바라보았다. 몇 시간 전까지만 해도 강의실에 있던 내가 어쩌다 이 부르고뉴 숲속의 고성에 누워 있는지 실감이 나지 않아서, 도대체 에릭은 왜 나를 여기까지 데려다 놓은 건지 도무지 속을 모르겠어서. 나는 이제 아침마다 마른침을 삼키며 식은땀을 흘리지 않아도 될까?

다음 날 저녁엔 그의 부모님과 정식으로 식사를 했다. 그의 어머니는 숏컷 금발머리에 캐주얼한 옷차림, 살짝 빠르고 또박또박한 말투가 아주 매력적인 분이었다. 우리가 읽고 있는 책 이야기, 진행 중인 작업 이야기, 최근 본 영화 이야기를 듣고 싶어 하셨다. 당시 폴란스키 감독의 영화 〈피아니스트〉를 두고 에릭과 나 사이에 의견이 달랐는데, 나의 의견을 이해하려고 주의를 기울이시던 모습과 내가 프랑스어 대화 때문에 힘들어할까 봐 부담 주지 않으려고 신경 쓰던 눈빛이 기억난다. 지리학자였던 아버지가 한국의 기후와 산업에 대해 자신이 아는 지식을 총동원하시자 단박에 "책에 나오는 얘기는 그만하지" 하며 화제를 돌리는 놀라운 카리스마를 보여 주시기도 했다.

낮에는 부르고뉴 지방의 이곳저곳을 돌아다녔다. 에릭의 친척들은 지역 곳곳에서 와인을 만들었고, 우리는 그들의 양조장에서 설명을 들으며 와인을 맛보았다. 모두가 나의 부정확한 프랑스어에 귀를 기울였고 잘 웃어 주었다. 프랑스 시골의 가을 하늘은 높고 맑았고 귀여운 뭉게구름이 천천히 흘러갔다. 우리는 과일과 치즈, 햄, 빵과 와인을 가지고 나가 끝도 보이지 않는 포도밭을 바라보며 피크닉을 했다.

2박 3일이 지나는 동안, 그가 나를 왜 초대했는지는 궁금하지 않게 됐다. 그를 둘러싸고 있던 신비함, 내가 만들어 낸 환상이 서서히 걷히고 정돈되는 느낌이 들었다. 그가 살아온 공기를 느끼고, 어떻게 누구와 자라 왔는지를 보고, 그의 미래를 걱정하는 부모와 나이 든 부모의 건강을 걱정하면서도 응석을 부리는 그를 보고 있으려니, 이상한 연민 같은 것이 느껴지기도 했다. 어쩌면 그동안 선을 긋고 부담스러워했던 사람은 나였는지도 모르겠다는 생각도 들었다. 가까이 떼어 놓고 크게만 보던 사람을 커다란 풍경 속에 놓고 보니 마음이 편안해졌다.

여행을 다녀온 뒤로 에릭과는 더욱 가까워졌다. 남들은 모르는 서로의 비밀 몇 가지를 공유하게 되었고, 나의 이상한 병에 대해서도 아무렇지 않게 털어놓을 수 있었다. 그러다 어느 순간부터 우리는 서로를 찾지 않았다. 스무 살의 남녀가 대부분 그렇듯이, 어떤 관계는 좋은 기억을 품고 있어도 오래 이어지지 않는다.

그 후로 프랑스에 사는 외국인 학생으로서 나의 마음도 조금씩 차분해졌다. 왠지 모르게 자신감도 생겼다. 나만 이해하지 못하면 어쩌나, 혹은 끼어들 수 없으면 어쩌나 하는 걱정과 자격지심 때문에 날카로워지던 신경도 살짝 무뎌졌다. 나의 불안증과 공포는 조금씩 치유되었다. 프랑스 시골이 준 선물이라기보다는 초대의 감동 덕분일 것이다. 사람이 다른 사람에게 조건 없이 스스로를 내보일 수도 있다는 가능성, 다른 세계에서 온 외국인에게도 온전한 호의를 베푸는 사람들이 있다는 사실이 마음을 안심시켜 준 덕분이 아닐까. 나 따위 무시해도 상관없을 다른 세계도 나를 이렇게 귀하게 여기는데, 나는 내게 왜 이토록 가혹한가 하는 자각이었을 것이다.

노 키즈 존이 뭔가요?

프랑스에도 노 키즈 호텔이 생겼다.
이에 대해 프랑스 언론은 매우 부정적이다.

오늘의 메뉴. 입으로 들어가는지 코로
들어가는지도 모르고 먹은 기내식
장소. 인천발 파리행 비행기 안
참석자. 나, 네다섯 살 정도의 아이들

인천 파리 간 직항 비행기는 열두 시간이 걸리고 대부분 점심시
간에 출발해서 밤에 도착한다. 아침형 인간에 낮잠을 잘 못 자
는 내게는 너무 고된 여정이다. 그래도 수십 번을 오고간 덕분
에 이제는 나름 비행기 안에서 시간을 보람 차게 보내는 방안
을 찾았는데, 아주 간단하다. 기내식 섭취와 영화감상을 제외하

면 주로 읽고 쓰는 일에 시간을 할애하는 것이다. 이때 읽을 책으로는 장편 문학작품이 좋다. 호흡이 길고 집중해야 해서 평소 미뤄 두었던 책들.

정신이 고양되는 감동의 기내 독서를 몇 번 경험한 뒤로 고요한 비행 시간을 즐기게 됐다. 이번 여행도 그랬다. 서울 체류 기간 동안 독서는커녕 이메일에 답장을 할 여유도 없었던 터라 이 시간이 내심 기대까지 됐다. 복도를 끼고 대각선 앞자리에 앉은 한국인 남자아이 둘을 의식하기 전까지는.

이륙하기 전부터 이미 그들이 흥분 상태라는 것은 느꼈지만 신경 쓰지 않았다. 그 둘의 양옆으로 부모가 앉아 있으니 조용히 시키겠지, 곧 잠이 들겠지 무심히 생각하면서.

낙천적인 생각이었다. 그 비행기에서 내내 말똥말똥했던 사람은 아마도 어떻게든 책을 읽으려 노력했던 나와 두 명의 에너자이저뿐이었을 것이다. 파리에 도착해 비행기 출입구가 열리는 순간까지 나는 두 아이가 소리를 지르고, 주변 사람들에게 참견을 하고, 승무원 호출 버튼과 조명등을 마구 누르고, 뛰어다니고, 싸우고, 때리고, 울고, 자리를 교체하고, 게임기를 소리 나게 틀고 중간중간 부모에게 혼이 나지만 얼마 안 가 앞의 활동을 무한 반복하는 과정을 생생히 지켜보았다. 방해를 받을 때마다 그 부모에게 드는 짜증을 감출 수가 없었지만, 매번 주변 사람들의 눈치를 보고 시간이 지남에 따라 녹초가 되는 그들의 모습에 안쓰러운 마음도 들었다. 저런 상황이라면 내가 부모라 한들 다를까 싶어서.

가져간 책은 물론 절반도 읽지 못했다. 왜 이륙 전에 기내에 빈 좌석이 있는지 찾아보지 않았을까 후회했고 내가 예민한가, 다른 사람들은 이미 잠이 들었는데, 하며 스스로를 바라보게 됐다.

문득 의문이 들었다. 지금 이 상황이 왜 이토록 당황스러울까? 아이들에게 방해를 받아 예민해지는 일이 그동안엔 과연 없었을까?

아이가 없고, 대체로 조용한 환경에서 살고 있기는 하지만, 내가 공공장소에 가지 않는 것도 아니고(실은 외식을 즐기고), 아이가 없는 사회에 살고 있는 것도 아니다. 프랑스는 출산율이 높고, 시댁에는 자주 보는 어린 시조카도 있다. 프랑스의 육아법을 담은 책이 영미권을 중심으로 인기몰이를 했다는데 프랑스 아이들은 다르기 때문일까? 그 안에 비밀이 있을까?

오랜 체류 경험을 들춰 보자면 프랑스 아이들은 보통 얌전했다. 물론 거리에서 흥분해서 뛰는 아이, 우는 아이, 소리치는 아이들도 많지만, 대부분 부모가 나서면 금방 조용해졌다. 젊은 부부가 많은 우리 동네의 특성상 주말의 카페와 레스토랑에는 아이와 함께 나온 가족들이 많은데, 카페에서 작업을 하거나 책을 읽다가도 그들에게 방해를 받은 적이 없었던 것 같다.

시댁의 가족모임에서도 내가 신경 쓸 일은 없었다. 식구들이 모이면 관심은 늘 유일한 아기인 시조카에게 집중됐지만, 식사 시간에 누군가 한 명이 희생하며 아이의 밥을 따로 먹인 적은 없었다. 조카는 만 두 살 즈음부터 늘 어린이용 의자에 앉아서 본인의 음식을 먹었다. 어떨 때는 어른들의 식사 전에 자기 자리에서 먼저 식사를 마쳤다. 가끔 다른 걸 먹겠다고 투정을 부리는 일은 있어도 먹는 일에 어른이 필요하지는 않았는데, 아마도 아주 어렸을 때부터 그렇게 교육받았기 때문에 가능한 일일 것이다. 대체로 어른들의 식사는 길게 이어지는 편이어서 자기 식사를 하고 나면 조카는 혼자 소파에 앉아 만화영화를 보다가 잠이 들었다. 식구들이 모여 며칠을 함께 지내는 명절에도 그랬다. 물론 어른들의 시야 내에서지만, 아이들은 세 살 정도만 돼도 자기들끼리 나란히 앉아서 독립적으로 식사를 했다. 어른들의 시간에 아이들이 끼어들 자리는 없었다. 혹시 아이가 뛰어놀고 싶어 하면 부모 중 한 명이 데리고 나가서 산책을 시키거나 방에 데리고 들어가 같이 놀았다.

생각해 보면 아이를 대하는 문화가 좀 다른 것 같다. 예를 들어, 집 안의 공간 배치만 보아도 그렇다. 우리나라의 경우, 아이가 있는 집은 대부분 거실 전체가 아이의 장난감으로 가득 찬 놀이터다. 내가 본 프랑스 가정의 경우, 아이의 공간은 아이의 방으로 제한되어 있었다. 거실에 몇 개의 장난감이 나와 있기도 하지만 아이는 주로 자기 방에서 놀았다.

프랑스 남자와 결혼해 파리에 살며 유치원생 아들 둘을 키우고 있는 한국인 워킹맘 친구에게 의견을 물었다. 친구는 오랜 고민 끝에 모든 차이는 교육법에서 나온다는 결론을 내렸다고 했다. 간단하게 말하자면, 프랑스에서는 집 안에서 아이가 차지하는 위치 자체가 한국과 다르다는 것이다.

예를 들어, 어른들이 모여서 대화를 하고 있을 때, 혹은 부부가 대화를 하고 있을 때, 아이들이 옆에서 끼어드는 경우가 있다. 친구는 그런 경우 잠시 아이들에게 주의를 주긴 하지만 결국 원하는 것을 들어주고 상대와 대화를 이어 갔다. 그 상대가 자주 되어 본 입장으로서 보자면 대화는 온전히 이어지기 힘들다. 친구도 그걸 알고, 아이들에게 늘 훈계를 하지만, 아이니까 어쩔 수 없다고 생각해 왔다. 하지만 프랑스인 남편은 달랐다. 어느 저녁 친구 부부가 대화 중이었는데 아이들이 옆에서 보채며 끼어들기 시작했다. 그전까지는 교육을 친구에게 맡겨 두었던 남편이 아이들의 눈높이에 맞추어 바닥에 앉더니 눈물이 쏙 빠지도록 엄하게 혼을 냈다. 어른들이 이야기하는 중에는 절대로 놀아 달라고 하지도, 끼어들지도 말아야 한다는 요지의 이야기가 한참 동안 이어졌다. 아이들이 그 이후로 비슷한 행동을 할 때 부부는 눈길도 주지 않고 무시했고 아이들의 태도가 눈에 띄게 달라졌다고 한다.

한번은 아이들과 함께 외출을 했는데 아이들이 상점에서 만지지 말라는 물건을 자꾸 만지면서 소란을 피웠다고 한다. 이럴 경우 친구는 빨리 일을 마치고 데리고 나갈 생각부터 하는데, 남편은 달랐다. 상점의 구석이라도 차분하게 이야기할 수 있는 공간으로 아이들을 데리고 가 마치 어른에게 이야기하듯이 설명을 한다는 것이다. 너희들의 행동이 어떻게 사람들에게 피해를 주는지, 왜 여기에서 물건을 만지면 안 되는지를 논리적으로 아이들이 이해할 때까지 설명하는데, 그 말을 희한하게 아이들이 잘 듣더라 했다. 칭찬할 때는 혀 짧은 소리로 그게 아이들의 언어인 듯 과장해서 말하고, 주의를 주어야 하는 상황에서는 창피함과 짜증에 감정적으로 대응하던 스스로를 돌아보게 됐다고 했다.

하나의 예지만, 친구의 말대로 프랑스에서는 아이가 집안의 중심도 아니고, 일찍부터 아이를 동등한 구성원으로 대하는 것 같다. 그 점이 프랑스 육아의 핵심인지도 모르겠다. 이론적으로는 그렇다 해도, 실제로 그게 쉽지 않을 텐데 했더니, 친구는 탄식하며 말했다. 다 알지만 워킹맘으로서 죄책감 때문에 아이들에게 쩔쩔 매게 되고, 함께 시간을 더 많이 보내야 한다는 강박으로 뭐든 해 주게 된다고 했다. 하지만 프랑스인들은 어릴 때부터 그렇게 교육을 받아 왔기에 죄책감을 느끼지도 않을뿐더러 해소 방식이 다르다는 것이다. 그 뒤에는 또한 육아가 개인의 일이 아니라는 사회의식도 있다. 프랑스에서는 대부분의 여성이 경력단절 없이 정년까지 일을 한다. 부부 육아휴직과 탁아시설 등의 복지제도 활용도가 높다.

친구의 남편은 아침에 아이들이 자리에서 일어나 씻고 옷 입는 과정이 아무리 오래 걸려도 절대 도와주지 않고 기다린다. 친구는 그 과정이 걱정되고 답답해서 늘 나서서 해 주는 편이었다. 요즘 일이 바빠져서 남편에게 아이들을 맡기는 시간이 늘었는데, 어느 순간 보니 아이들이 많은 일을 독립적으로 군말 없이 하고 있어서, 그동안 자신이 아이들을 잘못 키운 것은 아닌지 심각하게 회의가 들었단다.

나의 한정적인 경험을 근거로 프랑스식 육아법(이라고 표현할 수 있다면)의 우수성을 논할 수는 없다. 실은 장장 열두 시간 동안 아이들 옆에서 감옥 체험을 하면서, 한국에서 한참 논란이 됐던 노 키즈 존을 떠올렸다. 옆자리에서 함께 괴로워하던 남편에게 혹시 노 키즈 존이 프랑스에도 있냐고 물었다. 남편은 그런 게 다 있냐며 놀라워했다. 특정한 인간군을 지목해서 상점이나 식당의 입구에 출입금지 표시를 한다면 유럽인들은 자연스럽게 나치 시절 유태인을 떠올릴 것이란다. 덧붙여 그런 장소는 차별금지법 위반으로 문제가 될 것이라고 했다.

프랑스 매체들을 검색해 보니, 그리스, 독일에서 점점 느는 추세라는 노 키즈 호텔 관련 기사들이 있었다. 성인만 입장 가능한 호텔이 전 세계에 682개 있는데, 그중 375개가 유럽의 지중해 연안에 위치해 있고, 독일에는 40여 개, 프랑스에는 두 개의 호텔이 해당한다고 한다. 주간지 〈르 푸앙〉°은 프랑스의 두 개 호텔을 다루며, 두 호텔 모두 홈페이지 전면에는 이런 내용을 안내하지 않고 '자주 묻는 질문' 란에 12세 이상만 이용할 수 있다는 공지를 올려놓은 사실에 주목했다. 그리고 이 기사에 "프랑스에서는 금기"라는 소제목을 달았다.

프랑스 언론들은 대체로 '노 키즈' 경향이 옆 나라 독일에서 특히 유행이라는 데 초점을 맞춘다. 공영방송 라디오 프랑스엥포의 기자이자 정치 평론가인 기 비렝바움은 아침 라디오에서 이렇게 논평했다.

° "La Mode des Hôtels Interdits aux Enfants(노 키즈 호텔의 유행)," *Le Point*(Jul 18, 2016)

독일에는 아이의 출입을 철저히 통제하는 호텔이 있다고 합니다. 이상하고 정치적으로 올바르지 않아 보이지만 많은 수의 독일인들은 아이들과 휴가를 나누고 싶지 않은 가 봅니다. 여기에서 독일의 좋지 않은 특수성을 떠올려야 합니다. 독일은 유럽에서 출산율이 가장 낮은 나라이고 아이가 없는 커플이 프랑스보다 훨씬 많습니다. 아마도 이 부분이 아이의 출입을 제한하는 놀라운 발상에 대한 이유 중 하나가 될 것입니다.°

덧붙여 최근 아시아 국가에서 점점 늘고 있는 비행기 안 '노 키즈 존'에 대해 에어프랑스 측은 "에어프랑스는 가족과 아이들을 가장 중요하게 생각한다"라며 단호한 입장을 밝혔다.°° 그만큼 에어프랑스의 주요 고객에 가족 단위가 많기 때문이기도, 기 비렝바움의 말대로 프랑스의 출산율 때문이기도 할 것이다.

얼마 전 마크롱 프랑스 대통령은 만 6세부터였던 의무교육을 2019년부터는 3세부터로 늘리겠다고 발표했다. 프랑스에서는 이미 97퍼센트의 아이들이 만 3세부터 유치원에 다닌다고

°   Guy Birenbaum, "Interdit aux Enfants(아이들은 금지)!" *Frace Info*(Apr 3, 2016)

°°   Caroline Durand, "En Avion, Faut-il des Zones à Part pour les Enfants(비행기에 노 키즈 존이 따로 필요한가)?" *Ouest-France*(Feb 2, 2018)

하니, 유치원 등록 학생 수가 크게 느는 일은 아니지만 만 3세면 유럽에서도 의무교육의 시작 연령으로는 가장 낮은 수치다. 프랑스의 출산율이 유럽에서 가장 높은 비결 중 하나가 여기에 있다. 교육의 책임을 부모에게만 두지 않는 것.

프랑스 사회가 '노 키즈 존'을 상상도 할 수 없다고 여기는 이유도 같은 맥락이다. 프랑스 사람들은 유난히 어린 나이부터 타인에게(그게 가족이나 부모일지라도) 폐를 끼치지 않도록 아이를 교육하고 공중도덕을 가르친다. 함께하고 싶지만 방해받고 싶지도 않으니, 공존을 위한 규칙이 필요하다는 것이다. 아주 어린 나이부터 탁아소와 유치원에 다니는 일이 당연한 프랑스 아이들에게 가장 중요한 가치는 '함께하는 법'이 아닐까?

나도 언젠가는 불완전한 존재가 될 것이다. 몸이 아프거나 불편해질 수도, 나이가 들어 거동이 느려질 수도 있다. 어쩔 수 없이 누군가가 나를 참아 줘야 할 때가 올 텐데, 그때 세상이 나를 조금 너그럽게 바라봐 주면 좋겠다. 아이들의 출입을 금지할 수 있다면, 거기에서 더 나아가 다른 종류의 폐를 끼치는 사람들은 왜 금지할 수 없겠는가?

쿠스쿠스와 급식 논란

연이은 테러 사건으로 프랑스에 이슬람문화를
반대하는 여론이 들끓었다. 식문화의 충돌도 있었다.
돼지고기 대체 메뉴를 제공하지 않겠다는 학교가 생긴 것이다.

오늘의 메뉴. 돼지고기 대체 메뉴
장소. 초등학교 급식장
참석자. 이슬람교도 어린이들

쿠스쿠스couscous는 북아프리카 음식으로, 밀과 올리브유를
주재료로 만든 작은 알갱이의 곡물을 말한다. 프랑스에서는
채소 스튜와 메슈이(méchoui, "통째로 구운 양고기"), 메르게즈
(merguez, "매운 양고기 소시지") 혹은 생선구이 등과 함께 먹는데
오랫동안 프랑스의 식민지였던 마그레브Maghreb의 세 국가(알

제리, 모로코, 튀니지)에서 넘어온 방식이다. 조금 크게 숨을 내쉬기만 해도 훅 흩어져 버릴 만큼 곱게 빻은 부드러운 쿠스쿠스 위에 오랫동안 끓인 채소 스튜를 부으면 육수가 금세 스며든다. 여기에 담백한 병아리콩과 말린 포도 알갱이, 매운 하리사(빨간색 고춧가루 퓌레) 소스를 곁들여 먹는다. 스튜를 부어 촉촉해진 쿠스쿠스에 육수를 흠뻑 머금은 호박, 감자를 함께 먹으면 입과 목이 뜨끈해지며 어느새 속이 든든하다. 더운 나라에서 먹는 요리라지만, 추운 날 더 생각난다.

쿠스쿠스는 이상하리마치 프랑스에서 인기가 많다. 2016년에 발표된 한 설문조사 결과°를 보면 "프랑스인이 가장 좋아하는 100가지 음식" 중 쿠스쿠스가 3위다. 10위 안에 든 음식 중에 '외국계'라고 할 수 있는 요리는 쿠스쿠스가 유일하다. 프랑스 사람들은 정말 일상적으로 쿠스쿠스를 자주 해 먹는다. 주변 프랑스인 친구들도 쿠스쿠스라고 하면 휴일에 부모님 혹은 할머니가 해 주시는 요리라고 하고, 실제로 나의 시부모님도 자주 쿠스쿠스를 만들어 주셨다.

프랑스인들의 쿠스쿠스 사랑과 관련해 가장 상징적으로 떠오르는 것은 올랑드 대통령의 마지막 식사다. 2017년 5월 14일

°   Alice Bosio, "Les 100 Plats Préférés des Français(프랑스인이 가장 좋아하는 100가지 음식)," *Le Figaro*(May 6, 2016)

은 마크롱 대통령의 취임식이 있던 날이었고 올랑드 대통령의 임기가 끝난 날이기도 했다. 직무 이양식 직후 방송사 카메라들은 함께 일했던 내각의 관료들과 식사하기 위해 움직이는 올랑드 대통령의 차를 쫓았다. 그는 서민적인 동네 파리 9구의 쿠스쿠스 식당으로 갔다. 좁은 골목에 위치한 식당 앞은 방송 카메라들로 붐볐고, 쉴 새 없이 플래시가 터졌다.

왜 쿠스쿠스였을까? 앞으로의 삶을 보다 서민적으로 살겠다는 정치가로서의 어필일까? 사회당의 좌파 정치인이기 때문이라는 생각도 했다. 내게 쿠스쿠스는 북아프리카 음식이라는 이미지가 강했고, 북아프리카는 늘 프랑스 정치판에서 오른쪽과 왼쪽을 가르는 이민자 이슈의 주요 배경이니까. 그러나 그 또한 오해였음을, 그로부터 몇 개월 후 그 식당에 직접 가서야 알았다.

식탐가로 유명한 올랑드 대통령이 선택한 곳이라니 맛있겠지 싶어서 찾아간 터였다. 그 식당은 여러 가지로 놀라웠다. 고급스럽기는 하지만 생각보다 맛이 별로 없었고, 무엇보다 홀의 벽면에 정치인들의 사진이 빈틈없이 걸려 있었다. 이상하게도 사진 속 정치인들은 보수정당 소속이 대부분이었다. 그중에는 아프리카 출신 이민자들과 이슬람문화에 극단적인 차별 발언을 일삼아 수차례 진보진영의 공분을 산 정치인도 있었다. 그런 과정에서 뒤늦게 알게 됐다. 쿠스쿠스는 식민지 시절 알제리에 살던 일명 피에누아pieds-noirs 프랑스인들이 알제리를 떠나면서 가져온 대표적인 현지 문화라는 사실을. 피에누아 출신의 정치인들은 대부분 보수당에 포진해 있다. 그러니 쿠스쿠스는 최소한 이 식당에서만큼은 좌와 우의 구분 없는 화합의 음식이라고 할 수 있으리라.

프랑스의 식민지 시절 알제리의 레스토랑도 비슷한 풍경이 아니었을까. 태양이 작열하는 알제에서 알제리인이 서빙하는 쿠스쿠스를 먹으며 귀족놀이를 하는 백인 프랑스인들의 모습이 연상됐다. 멋스러운 인테리어에 청결한 위생 상태를 유지하는 고급 식당에서 말이다. 혹시 프랑스인들의 쿠스쿠스 사랑은 식민지 시절의 유산일까?

이렇게 보면 마치 이슬람의 음식문화가 프랑스에 안정적으로 정착한 듯하지만, 그렇지 않다. 역설적이게도 그 식당에 드나드는 프랑스 정치인들 중 많은 수는 이슬람 율법에 따라 돼지고기를 먹지 않는 무슬림의 식생활이 프랑스 사회에 문제가 된다고 주장하고 있다. 종교의 영향을 받지 않는다는 세속주의 국가 프랑스에서 오랫동안 평화롭게 이어지던 이슬람교 이민자들과의 공존은 2000년도 후반으로 갈수록 문제가 됐고, 2015년 이슬람 극단 무장단체에 의해 두 번의 테러가 일어난 이후 심각한 사회문제로 부상했다.

그중에는 식문화의 충돌도 있다. 이슬람교도 어린이들의 학교 급식 문제다. 2015년 부르고뉴 지방의 샬롱쉬르손Chalon-sur-Saône에서 앞으로는 초등학교 급식에서 돼지고기 대체 메뉴를 제공하지 않겠다고 발표했다. 프랑스는 지방자치단체의 재량으로 급식 메뉴를 정할 수 있고, 1984년부터 이 지역에서는 이슬람교도 학생들을 위해 돼지고기 대체 메뉴를 제공해 왔다. 프랑스 내 이슬람교도의 비율이 전체 인구의 7.5퍼센트°를 넘어선 상황에서 이슬람 율법에 맞는 할랄halal 메뉴는 아니더라도 이들이 먹을 수 있는 음식을 제공하는 일은 자연스러운 시스템으로 오랫동안 운영되어 왔다. 그런데 2011년, 2013년에 면 단위 자치단체에서 예산 부족을 이유로 대체 메뉴 중단을 결정했고, 2015년 3월에는 샬롱쉬르손의 질 플라트레Gilles Platret 시장이 문제제기를 하고 나선 것이다.

그는 "학교 급식이 종교적 배려까지 할 수는 없습니다. 돼지고기가 나올 때마다 대체 메뉴를 제공함으로써 학생들 사이에는 차별이 발생하는데, 이는 세속주의 공화국에서 받아들일 수 없는 일입니다"°°라고 주장했다. 초등학교 급식 식당에서 돼지

° 2010년-2015년 세계 국가별 종교 분포 추이/ Pew Research Center
°° "Le Maire de Chalon-sur-Saône Supprime le Menu de Substitution à la Cantine(샬롱쉬르손의 시장이 급식의 대체 메뉴를 없앤다)," *Le Monde*(Mar 17, 2015)

고기를 먹는 학생과 안 먹는 학생이 나뉘는 것은 세속주의 국가의 원칙에 반한다는 얘기다.

이슬람문화에 대한 사회적 시선이 그 어느 때보다 예민하던 시기였고, 찬반 여론이 들끓었다. 공화당, 국민전선의 정치인들은 속속 지지 의견을 내놓았다. 니콜라 사르코지 전 대통령은 전당대회 연설에서 "급식에 햄과 감자튀김이 나왔다면 햄을 못 먹는 대신 감자튀김을 두 배로 더 먹으면 되겠네요. 그게 바로 공화국입니다"라며 지지 발언을 했다. 반면 당시 사회당 정권의 교육부 장관이던 나잣 발로벨카셈Najat Vallaud-Belkacem은 분별력 있는 결정을 호소했다. "종교에 따라 먹을 수 없는 음식이 정해져 있는데 이를 급식에서 없애는 결정은 현실적으로 특정한 학생들을 학교 식당에 금지하는 것과 같다고 생각합니다."°

결과적으로 샬롱쉬르손의 이슬람교도 어린이들은 돼지고기가 나오는 날에는 알아서 끼니를 때우게 됐고, 다른 지역의 보수 정당 출신 시장들도 뒤를 이어 돼지고기 대체 메뉴를 없앴다. 그중 국민전선의 한 시장은 놀라운 논리를 펼쳤다. "저는 평등, 박애, 자유의 국가적 표어를 존중합니다. 급식 메뉴에서의 평등, 프랑스 돼지 사육자들에 대한 박애, 그리고 불만이 있다

° 앞의 기사

면 다른 데 가서 먹을 수 있는 자유를 말입니다."°

프랑스 사회 속 이슬람 논란은 공공장소에서의 히잡 착용 금지에 이어 초등학교 급식 식탁에까지 번졌고, 2016년 지방 선거, 2017년 5월 대통령 선거의 토론장을 뜨겁게 달구었다. 프랑스에서 종교색, 아니 이슬람의 색을 드러내는 모든 일들은 점점 눈엣가시가 되어 가는 중이었다. 지방 선거와 대통령 선거가 끝난 2017년 8월, 디종 법원은 샬롱쉬르손의 대체 메뉴 제공 중지 결정에 "폐기"를 판결했다. 법원의 판결 이유는 간단했다. "이 결정은 아동인권에 대한 국제협약과 가장 우선적인 아이들의 이익에 반한다."°°

프랑스 공영 라디오 방송 프랑스 앵테르의 정치부 기자 토마 르그랑은 몇 달 전 아침 라디오 논평에서 사태를 이렇게 정리했다.

대체 식단 논란은 부조리한 스캔들의 한 예입니다. 진정한 세속주의와 사회적으로 배척받고 있다고 느끼는 이슬

°   Charlotte d'Ornellas, "Julien Sanchez: Il y Aura du Porc Chaque Lundi dans les Cantines(줄리앙 산셰즈: 매주 월요일 학교 급식에 돼지고기가 나올 겁니다)," *Valeurs Actuelles*(Jan 8, 2018)

°°   "Chalon-sur-Saône: La Justice Annule la Fin des Menus sans Porc dans les Cantines(샬롱쉬르손: 법원이 돼지고기 없는 메뉴 중단을 폐기했다)," *Le Monde*(Aug 28, 2017)

람교도들에게 꼭 필요한 이념적, 철학적 토론을 방해하기만 했어요. 현실의 학교 급식장은 문제없이 잘 돌아가고 있고, 대부분의 셀프 시스템에서는 추가경비 없이 다양한 음식이 제공되고 있기 때문입니다. (중략) 토론 속에서만 존재하는 가짜 문제이므로 사실 더 이상 거론할 필요도 없습니다.°

르그랑의 말대로 이것이 "필요 없는 논쟁"이었다면, 그 혜택은 누가 보았을까. 다른 건 몰라도 1차 피해자는 확실히 존재한다. 투표권도 없고, 선택권도 없는 학교 급식장의 이슬람교도 어린이들 말이다.

프랑스 사람들은 이제 쿠스쿠스를 완전히 프랑스 요리로 여기는 것 같다. 내가 쿠스쿠스에서 굳이 식민지 마그레브 국가를 떠올린 것은 아마도 내가 이방인이기 때문일 것이다. 그런 맥락에서 돼지고기 대체 메뉴도 세속주의냐 아니냐를 따질 것 없이 지난 30년간 프랑스 학교 급식실에서 펼쳐진 당연한 풍경이었을 것이다. 법원의 판결문이 말하듯, 아이들이 잘 먹는 일이 가장 중요하니까. 가끔은 정치가 사회적 성찰의 수준을 떨어뜨리

°   Thomas Legrand, "Le Faux Problème des Repas de Substitution (대체 급식의 가짜 문제)," *France Inter*(Jan 10, 2018)

는 것 같다. 오랫동안 프랑스 정치인들의 속 빈 논쟁에 눈이 흐려졌던 사람으로서 이제야 드는 생각이다.

카술레의 추억

카술레는 작두콩, 소시지, 오리고기가 들어간 스튜다.
이 음식을 처음 맛본 날 나의 내장들은 오랜만에 온기를 되찾았다.

오늘의 메뉴. 툴루즈의 겨울 요리 카술레
장소. 파리 5구, 팡테옹 근처의 비스트로
참석자. 프랑스인 남학생과 나

유학생활 3년 차의 나는 늘 주눅이 들어 있었고, 이상하게 항상 허기가 졌다. 프랑스어가 조금씩 편해지고 있었지만, 나보다 몇 살 어린 같은 전공 친구들과의 대화는 늘 어딘가 석연치 않았다. 커다란 풍선처럼 둥둥 떠다니며 어디에도 안착하지 못하고 있는 느낌, 하지만 나를 제외한 모두는 땅을 딛고 단단하게 서서 저 멀리 밀려가고 다시 바람에 밀려오는 나를 형식적인 미소로 맞아 주고 있는 그림이, 그 시절을 생각하면 떠오른다.

어느 날이었다. 저녁에 학교 친구들 한 무리와 알랭 레네의 영화 〈내 미국 삼촌〉을 보러 갔다. 그날 몰려갔던 친구들이 누구누구였는지, 어떤 계기로 다니던 학교에서 멀리 떨어진 작은 극장에 옛날 영화를 보러 갔는지 기억나지 않는다. 만화로 그려진 영화 포스터에는 안개 낀 항구와 바닷가 외딴 저택을 뒤로하고 제라르 드파르디유와 남녀 배우 두 명이 앞뒤로 서 있었다. 그걸 보고 미국 삼촌 제라르 드파르디유가 프랑스의 바닷가 저택으로 돌아오면서 벌어지는 스릴러인가 보다 짐작했었다. 물론 나의 철저한 오해였다.

영화를 보고 나와 우리는 팡테옹 근처의 초겨울 밤거리를 무리 지어 걸었을 것이다. 거리의 주황색 가로등 불빛이 겨울밤 작은 골목의 맥줏집을 밝혔을 것이고, 맥줏집 문이 열리고 누군가 들어오고 나갈 때마다 커다란 소음과 음악소리가 함께 고개를 내밀었다 멀어졌을 것이다. 그 길을 걸으며, 담배연기를 뿜어 대며, 우리는 영화에 대한 각자의 분석을 와자지껄 떠들다가 하나둘씩 뿔뿔이 흩어졌을 것이다. 나는 친구들의 감상을 진지하게 듣고 동의하는 척 추임새를 넣었겠지만 속으로는 저런 어려운 영화를 보고 저렇게 많은 이야기를 늘어놓을 수 있다니

부럽군, 하며 다시 풍선이 되어 둥둥 떠올라 그들과 거리를 두고 있었을 것이다.

또렷한 기억은 지금부터다. 몇 분 뒤에 나는 별다른 얘기를 나눠 본 적 없던 잘 모르는 남학생과 극장 주변 비스트로에 마주 보고 앉아 있다. 친구의 친구로 그날 우연히 같이 극장에 갔고, 모두가 흩어진 뒤로도 같은 길을 걷게 된 것뿐인데 어쩌다 식당에 들어가 앉게 됐는지는 떠오르지 않는다. 하지만 그곳의 공기와 조명과 먹었던 음식과 나누었던 이야기들이 여전히 생생한 걸 보면 그 밤, 나의 감각은 얼마나 예민하게 살아 있던 걸까. 그날 우리에게 음식을 가져다주었던 서버의 인상과 옆자리에 앉아 식사를 하던 미국인 관광객 부부의 얼굴까지도 다 기억해 낼 것 같은 기분이다.

어두운 길에서 나란히 걷기만 하다가 막상 환한 불빛 아래에 마주 앉아 있으려니 불편함이 감돌았다. 마치 처음 만난 사람인 듯한 기분도 든다. 우리는 방금 본 영화 〈내 미국 삼촌〉 이야기를 이어 나눈다. 그는 알랭 레네 감독의 오랜 팬이었다. 감독의 가장 유명한 영화 〈히로시마 내 사랑〉은 나도 본 적이 있다. 히로시마 원폭 이후 도시를 방문한 프랑스 여자와 그곳에 사는 일본 남자의 사랑 이야기. 그 영화 또한 단순히 사랑 이야기라고 하기엔 히로시마 원폭 피해자들의 사진과 음울한 내레이션이 시도 때도 없이 감정이입을 방해하는 복잡한 작품이었다. 나는 레네 감독을 향한 그의 애정사를 들으며 영화 속 남녀가 밤바다 옆의 카페에 앉아 손을 잡고 마주 보던 장면을 떠올린다.

주문을 받기 위해 서버가 다가왔다. 결정했느냐는 서버의 질문에 앞자리의 그가 내 얼굴을 본다. 맥주 한잔하자며 들어온 식당이므로 나는 맥주라고 말한다. 서버는 "어떤 맥주요?" 물으며 피로한 얼굴로 나를 본다. 메뉴판도 없이 뭘 골라야 하나, 식당에 잘 다녀 보지 않았던 나는 망설인다. 쉽사리 입이 떨어지지 않는다. 서버의 신경질적인 한숨을 듣고 내 표정을 살피던 그가 메뉴판을 가져다 달라고 부탁한다. 서버가 멀어지자 민망해하는 내게 한마디를 붙인다.

"저 사람 참 못됐다. 관광객이 많이 오는 동네라 그런가 봐. 파리에 불친절한 식당이 많지?"

잘못한 것도 없이 그는 미안한 미소를 짓는다. 나는 급격한 중력을 느끼고 땅 위에 발을 딛는다.

메뉴판을 한참 바라보다가 그는 반색하며 나에게 묻는다.

"어? 여기 카술레cassoulet가 있네? 너 카술레 알아?"

내가 알 턱이 있나. 맥주 이름도 다 몰라서 메뉴판을 살펴야 하는 처지인데. 내가 모른다고 하자 그가 묻는다.

"혹시 저녁 먹지 않을래? 이거 파는 식당이 흔치 않거든. 난

한번 먹어 보고 싶은데."

늘 배고프고, 뭘 해 먹을지를 걱정하고, 먹을 기회가 있다면 절대 놓치지 않던 시절이었다. 통장 잔고를 소수점까지 계산하고 다니던 시절이기도 했지만 당장 내일 거리에 나앉는대도 우선은 저지르고 마는 것이 식탐의 위력이다. 나는 그게 그렇게 자주 먹기 힘든 음식이라면 먹어 봐야지, 새침하게 대답한다.

요리는 커다란 접시로 받친 작은 뚝배기에 담겨 나왔다. 갈색 소시지와 오랫동안 푹 익혀 형체가 허물어진 오리고기의 넓적다리가 커다랗고 하얀 작두콩으로 가득한 뜨끈뜨끈한 스튜 속에 묻혀 있다. 모르는 내가 봐도 모던한 도시의 요리라기보다는 큰 솥에 오랫동안 끓여 온 가족이 나눠 먹음직한 시골의 겨울 요리였다. 오랜 시간 익힌 오리고기는 나이프를 살짝 갖다 대기만 해도 뼈에서 저절로 떨어져 결대로 흩어졌다. 툴루즈 지방의 특산품이라는 소시지는 거칠지만 돼지고기 그대로의 맛을 냈고, 간이 적당하고 담백했다. 무엇보다 특이했던 것은 요리의 대부분을 이루고 있는 흰색 작두콩 스튜였다. 온갖 기름기와 육수가 배어든 콩들은 씹기도 전에 입안에서 부드럽게 부서졌고, 차곡차곡 내 몸속에 스며들어 내장을 덥히고 온기를 주었다. 그동안 방치되었던 나의 내장들이 오랜만에 온기에 깨어났다.

우리는 한동안 말도 없이 열심히 먹는다. 문득 내 앞의 그를 바라보니 그릇을 이미 반 이상 비우고 바게트 빵을 뜯어 뚝배기 속 스튜에 적셔 먹고 있다. 그는 이마에 홍건하게 맺힌 땀방울을 닦으며 묻는다.

"이거 몇 년 만에 먹어 보는지 몰라. 어렸을 때 아주 좋아했는데. 이게 집에서 쉽게 할 수 있는 요리는 아니거든. 기대 안 했는데 이 집이 제대로다. 할머니 댁에서 먹던 딱 그 맛이야. 넌 어때?"

이렇게 시간을 들여야만 가능한 정성 어린 맛을, 오랜만의 다정한 느낌을 어떻게 표현할 수 있을까 잠시 고민하다가 나는 그냥 미소 짓고 만다.

"영화에 나온 그 브르타뉴의 섬 말이야. 남자 주인공이 태어나고 자란 그 섬. 우리 할아버지 댁이 그 근방에 있어. 나도 어린 시절은 거기에서 많이 보냈거든. 파리로 학교를 온 이후로는 1년에 한 번 가기도 힘들지만. 그 영화 때문에 안 그래도 집 생각이 많이 났어."

나는 영화 속 외딴섬에서 할아버지와 나란히 앉아 게를 구워 먹던 귀여운 주인공 아이를 떠올린다. 문득 그가 지냈다는 섬이 궁금해진다.

우리는 오랫동안 각자가 떠나온 도시에 대해, 어린 시절에 대해 이야기한다. 그리고 둘 모두 고등학교 시절부터 혼자 어두운 굴속의 신기루를 찾아다니는 비밀스러운 취향이 있었음을 발견한다. 지구 반대편에서 같은 방식으로 한 시기를 견디고 스스로를 보호했던 두 사람의 연대감이 순식간에 형성된다. 나는 묻는다.

"그런데 말이야, 그 미국 삼촌은 대체 누구야? 영화 중간에도 인물들이 자기들 미국 삼촌을 이야기하잖아? 모든 삼촌들이 다 미국에 간 건 아닐 테고."

그는 무슨 얘기냐는 듯 가만히 보다가 웃음을 터뜨린다.

"미국에서 온 삼촌Oncle d'Amérique은 프랑스어에서 쓰는 표현인데, 현실에 존재하지 않지만 각자가 기다리는 희망을 말해. 미국에 갔던 삼촌이 거부가 되어 돌아와 나를 도와줄 거라는 식의 허황된 꿈을 가리키는 말이지."

한 번의 식사가 인생을 바꿀 수 있을까? 서로에게 전혀 끌림이 없던 두 사람이 한 번의 식사로 서로에게 빠져드는 일이 가능한가? 식사의 장소와 분위기, 메뉴의 선택, 음식의 맛과 각자 느낀 식감, 그리고 함께 마신 술 한잔으로 두 사람의 관계가 변화할 수 있을까? 그날 밤, 우리 두 사람이 각자 숨기고 있던 헛헛함을 처음 만난 서로에게 기꺼이 들키고 만 것은 카술레와 랑그독Languedoc 와인의 연금술이었을까? 우리는 서로를 각자의 외딴섬에 찾아온 미국 삼촌이라 여겼을지도 모르겠다. 꿈은 잠시나마 인생을 달콤하게 해 준다.

그로부터 7년 뒤, 우리는 결혼서약서에 나란히 서명을 한다.

02 미슐랭 레스토랑과 비스트로

비스트로는 이 도시에 마지막으로 남은 작은 극장이다.
손님들이 직접 배우가 되어 모르는 이들과 대화를 나누는 곳.
마치 주술처럼 진지하면서도 가벼운 기쁨의 노래가 비스트로에 있다.

/ 프랑수아 시몽,《비스트로》에서

아름답지만 사라지는 것들에 대하여

한 끼 외식에 쓰는 돈으로 화장품이나 옷을 살 수도 있는데,
한번 먹으면 사라져 버리는 음식에 돈을 쓰는 일은
얼마나 비효용인가.

오늘의 메뉴. 라구 파스타,
적포도주 한 주전자, 오늘의 디저트
장소. 피렌체 주택가의 동네식당
참석자. 중년의 이탈리아 아저씨들과
나, 각자 혼자

짠돌이, 구두쇠라는 평가를 듣는 한국인 친구가 있다. 취향이
잘 맞아 자주 함께 영화나 전시를 보러 다녔는데, 식사를 하거
나 차라도 마셔야 할 때면 매번 친구들의 빈축을 샀다. 비용을
최대한으로 줄이기 위해 음식 하나를 나눠 먹자고 하거나 다 같
이 한잔하는 분위기여도 물 잔만 손에 들고 '어쩔 수 없는 외식'

의 티를 꼭 냈기 때문이다. 계산서 앞에서 매번 사람 수대로 소수점까지 돈을 나누는 모습을 보고 있노라면, 우리 친구 맞니? 하는 기분이 들기도 했다. 물론 이 친구가 생활이 어렵다면 얘기가 달라지겠지만, 문제는 그 반대에 가깝다는 데 있었다. 친구는 몸을 꾸미고 치장하는 데 관심이 많아서 값비싼 옷과 액세서리, 화장품을 아낌없이 구매했고, 옷장은 고가의 브랜드로 넘쳐 났다.

같이 만나기 싫어질 정도라고 친구들 사이에서 불만이 폭주했던 어느 날 물어보았다. 먹는 데는 왜 그렇게 아끼는 거냐고. "어, 그런 생각은 못 해 봤네" 혹은 "내가 그랬나?" 하면서 얼버무릴 줄 알았는데 친구의 대답은 예상을 벗어나 조금 충격적이기까지 했다. 친구는 웃으며 말했다.

"우리는 관심사가 서로 다를 뿐이야. 나도 맛있는 거 좋아하지만 외식에 돈 들이는 거야말로 사치라고 생각해. 식사 한 번 값이면 화장품이나 옷을 하나 살 수 있잖아. 옷은 최소 1년은 입고, 명품은 되팔 수도 있는데, 밥은 한번 먹으면 사라지잖아. 그것만큼 비싼 게 어디 있냐?"

들고 보니 맞는 말이었다. 그 후론 친구를 다시 보게 됐다. 나름의 소비 철학을 이해하고 나니, 본인이 원하는 것을 잘 알아 가치관에 따라 살아가는 일이 좋아 보였다. 하지만 친구와 나는 세계가 너무 달랐다. 이해는 하지만 설득은 되지 않아서, 친구를 만날 땐 각자 식사를 하고 나오거나 먹는 일은 포기하게 됐다.

　친구가 말한 유형의 물건, 쓸모 있음, 투자가 되는 소비의 관점에서 보면 우리 부부는 아마 가장 사치스러운 사람들에 속할 것이다. 우리로 말할 것 같으면 명품 브랜드는커녕 지인들로부터 옷 좀 사 입으라는 잔소리를 듣고 사는데, 괜찮은 식당이 새로 생겼다는 소식에는 늘 귀가 쫑긋하고, 좋은 재료를 공수하기 위해서라면 늦잠도 포기하고 주말 아침 일찍 시장에 간다. 여행지에서도 무엇을 먹을지가 무엇을 볼 것인지만큼 진지하게 거론되고, 식사 장소를 중심으로 동선과 일정을 짠다. 얼마 전 잠시 다녀온 서울에서도 그랬다. 프랑스에서도 먹을 수 있는 요리와 여행 중 한번 먹어 본 요리는 다시 먹지 않는다는 원칙으로 각종 자료를 뒤지고 주변 미식가들에게 꼼꼼히 문의해 식도락 일정을 짰다. 영하 10도에 육박하는 강추위를 뚫고 마치 이번이 아니면 다시는 못 가 볼 식당들인 것처럼 닭곰탕과 평양냉면, 단팥죽과 멘보샤와 한정식과 솥밥을 먹으러 다녔다.

　우리는 말 그대로 순식간에 사라지고 마는 먹고 마시는 일에 엄청난 시간과 정성과 돈을 쏟고 있다. 재정 수준에 맞게 소비하긴 하지만, 친구의 논리대로라면 그 일에 생활비의 대부분을 쓰는 사실 자체가 사치가 아닌가. 이렇게 생각하니, 우리가 잘못 살고 있는 건가 하는 생각이 들어 주변을 둘러보게 됐다.

내 주변 프랑스 사람들은 기본적으로 명품 가방이나 옷에 관심이 적고, 먹고 마시는 일에는 각자 정도의 차이는 있지만 대부분 예민한 촉수를 지니고 있다. 특히 파리지앵들에게 잘 먹는 일은 무척 중요하다.

"미식"이라는 좋은 의미로도, "식탐"이라는 부정적인 의미로도 쓰이는 프랑스어 단어가 있다. "구르망디즈gourmandise"인데, 프랑스에서는 이 구르망디즈가 일상에 스며들어 있다. 계층별로 차이가 있겠으나, 잘 먹고 마시는 일에 대한 관심이 문화 전반에 자리 잡고 있다는 느낌이다.

한편으로, 내가 느낀 일상의 구르망디즈는 프랑스보다는 이탈리아 사람들이 한 수 위였다. 몇 해 전 겨울, 휴가를 이용해 지지부진하던 원고의 진도를 빼겠다고 혼자서 피렌체로 떠난 적이 있다. 조용한 주택가에 방을 빌려 온종일 글을 쓰다가 하루 두 번씩 식사와 산책만 하고 돌아오는 일상이었는데 식사 시간만 되면 고민이 됐다. 중간중간 글의 흐름이 끊기는 것이 싫어서 집에서 대강 먹을까도 했지만, 오로지 먹기 위해서만 오기도 했던 이탈리아가 아니던가! 싼 가격에 최고의 피자, 파스타를 맛볼 수 있는데 그걸 무시할 만큼 글쓰기가 절실하지는 않았나 보다. 다만, 동행이 있다면 이름난 맛집을 찾아다녔겠지만, 이 기간에는 집 주변의 동네식당 위주로 끼니를 해결했다. 그 경험은 이탈리아 사람들의 외식생활을 관찰하는 계기가 되었고, 프랑스와는 다른 패턴의 식문화를 발견할 수 있었다.

이를 테면 아침식사부터가 달랐다. 프랑스에서 이제는 많이 사라진 풍경이 이탈리아에는 여전히 남아 있었다. 우선 카페의 기다란 바에 동네사람들이 겹겹이 서서 담소를 나누며 아침을 먹는 모습은 프랑스에서는, 특히 파리에서는 이제 거의 보기 힘들다. 또한 빵 하나에 커피 한 잔을 간단하게 먹는 문화는 두 나라가 비슷했지만, 프랑스에서는 길게 뽑은 에스프레소 한 잔과 달지 않은 크루아상이 정석이라면, 이탈리아식에는 조금 더 식탐이 엿보였다. 이탈리아 사람들은 커피는 거품과 우유가 들어간 카푸치노로, 빵은 슈크림이나 초콜릿 크림이 들어간 크루아상을 먹었다. 그들은 매일 아침 일터로 가기 전 카페에 들러 동네사람들과 인사하고 그날의 뉴스로 수다도 떨면서 하루를 시작했다. 그게 정겹고 즐거워서 나도 매일 아침 동네에서 가장 붐비는 카페에서 아침 인사를 하고 그들 사이에 섞여 아침을 먹었다.

점심식사도 그랬다. 이탈리아 동네식당의 재미있는 풍경은 혼자 와서 식사를 여유롭게 즐기는 중년의 아저씨들에 있었다. 내내 혼자 먹고 다니면서도 그들 덕분에 전혀 심심하지가 않았다. 그들이 고르는 스파게티와 한 주전자의 와인, 그날의 디저트를 유심히 관찰하고 비슷하게 먹어 보느라 매번 식탁에서 눈과 귀를 예민하게 열어 두었다. 매일 혼자 와서 점심을 먹는 그들은 식당에서 가장 맛있는 파스타를 주문해 파르미자나 parmigiana 치즈 가루를 두텁게 뿌리고 소리도 내지 않고 맛있게 먹었다. 기본적으로 와인 한 주전자를 곁들이는 습관은 프랑스인과 비슷하지만, 그들은 혼자 와서 종업원 혹은 주인과 이런저런 수다를 끊임없이 펼쳤고, 그리고 반드시 디저트를 먹었다.

혼자 하는 식사가 쑥스러워 스마트폰만 만지작거리거나 신문에 코를 박고 있다가 후루룩 마시듯이 밥을 뚝딱 비우는, 자리에서 일어서는 동시에 지갑을 꺼내드는 점심시간 한국 중년 남성들의 풍경과는 많이 달랐다. 프랑스의 경우, 여유롭게 혼자 식사를 하는 사람들이 흔하긴 하지만, 그 느낌은 조금 다르다. 이탈리아에 비해 음식 값이 비싸고 파스타, 피자처럼 값싼 서민 음식이 상대적으로 많지 않은 프랑스에서 외식은 좀 더 특별한 의미다.

이탈리아는 동네식당에 와서 매일의 한 끼를 여유롭게 즐기는 식문화를 여전히 잘 보존하고 있었다. 이 구르망디즈, 잘 먹겠다는 의지와 욕심으로 여전히 이탈리아에서는 대부분의 식당이 기본 이상의 맛을 보장하고, 남녀노소 할 것 없이 요리를 잘하며, 미각과 음식문화에 대한 자부심도 강하다.

먹는 일에 시간과 금전, 노력을 들이는 일, 더 잘 먹기 위한 노력은 왜 중요할까? 얼마나 가치를 두느냐의 차이일 뿐 모든 사람은 맛있는 음식, 좋은 재료를 먹고 싶어 한다. 먹는 일이 중요한 이유는 우선 건강 때문이지만 우리의 열정은 그런 차원을 넘어선다. 우리의 먹는 일은 취향이 된다. 어느 날 고급 음질의 오디오로 오페라를 들어 본 사람이 그 질적 차이에 감명을 받아 오디오의 세계에 입문하게 되듯이, 요리와 음식도 어느 날 그렇게 발견해서 소양을 넓혀 가게 되는 문화, 예술로 봐야 할 것 같다. 매일 반복적으로 하는 식사지만 어느 날 그 안에는 다른 수준의 세계가 있고, 삶의 질에 커다란 차이를 낸다는 사실을 깨닫는 때부터가 시작이다.

일본의 에세이 작가 후쿠다 가즈야는 《나 홀로 미식수업》에서 이렇게 말했다.

먹는 일을 인식한다는 건 '자신이 매일 무엇을 먹는가', '먹고 싶어 하는가'에 대해 제대로 된 미학과 스타일을 가지는 것입니다. 자신의 미각을 탐구하는 건 '나는 대체 누구인가?'를 묻는 것과 같습니다.

다른 예술과 달리 먹는 일은 일상적이고, 생의 문제와 관련이 있기 때문에, 스스로를 탐구하고 형성하는 단계로까지 이어질 수 있다. 후쿠다 가즈야는 사람들은 아직도 미각을 개인적인 것으로 인식하지만, "맛있다는 감각은 상당히 문화적인 것"으로 "삶의 방식, 나고 자란 환경, 인생의 경험이 모두 축적된 것"이라고 말한다.

많이 다녀 보고 먹어 보고 그만큼의 대화를 나누면서 우리 부부는 이제 어디를 가든, 어느 문화권에 가든, 먹을 만한 식당이 어디인지, 무엇을 먹어야 하는지 빨리 알아챌 수 있게 됐다. 음식은 한 나라의 문화를 이해하는 흥미로운 도구가 되기도 한다. 엄청난 미각은 없지만, 진짜와 가짜, 유행에 편승하는 얕은 맛과 진정성 있는 맛은 구별할 수 있게 되었다. 또한 봄과 여름에는 아스파라거스, 아티초크, 가지와 렌틸콩, 깍지콩을, 가을과 겨울에는 각종 버섯과 엔디브, 파네, 생굴, 문어 등 계절 재료들을 찾아 먹고 나름대로 자연과 식생활의 호흡을 맞출 수 있게 되었다. 몸의 상태와 기분에 따라 무엇을 어떻게 먹어야 좋을지도 판단할 수 있게 되었다. 그런데 그게 다 무슨 소용이냐고? 뭐 그리 중요하냐고? 물론 대단히 쓰일 곳은 없다.

요리는 엄청난 역사와 문화가 축적된 기술이고, 시대의 모습을 드러내는 매력적인 예술이지만, 남지 않고 사라진다는 허무를 태생적으로 안고 있다. 그러므로 내 친구처럼 누군가에게는 엄청난 사치가 된다. 하지만 인생에서 정말 소중한 것들은 대부분 유형으로 남겨지지 않지 않던가. 모든 아름다운 것은 스쳐간다. 어떤 순간은 사진으로 남겨지지만, 그 사진이 소중한 것은 순간의 감정이 기억에 남기 때문이다.

먹고 마시는 일은 시간의 감각적인 경험에 속한다. 수치로 보상받지 못하더라도 그 경험을 좀 더 나은 것으로 만들기 위한 노력은 인생에 있어서, 글쎄, 정녕 가치 없는 것일까?

미슐랭 스타 레스토랑에 가다

미슐랭 별이 그렇게 대단한가, 하는 궁금증에 나도 가 봤다.
방송 출연으로 유명해진 스타 셰프가 운영하는 곳이었다.

오늘의 메뉴. 대구와 홍합
장소. 파리 좌안의
미슐랭 스타 레스토랑
참석자. 남편과 나

열정적인 식도락가라고 자부하는 우리 부부지만, 정작 미식가
의 꿈이라는 미슐랭 식당에는 그때까지 가 본 적이 없었다. 1인
당 수십만 원을 호가하는 가격도 부담이지만 무엇보다 미슐랭
별은 없어도 새로운 비전으로 즐거움을 주는 식당들이 파리에
너무 많았기 때문이다. 하지만 아무리 내가 미슐랭의 권위 따위

에 혹하지 않는다 하더라도 미식가들 사이에서 미슐랭 레스토랑의 위상은 독보적이다. 현재 프랑스에서 가장 뛰어난 셰프를 이야기함에 있어 미디어는 늘 미슐랭 별을 하나라도 받았는지를 중요한 기준으로 삼고, 개인적으로 나의 가장 믿을 만한 정보원인 요리사 친구들도 마찬가지다. 새로 발견한 젊은 셰프에 대한 나의 호들갑은 미슐랭의 절대적인 권위 앞에서 힘을 잃는다.

미슐랭 별을 받은 레스토랑은 정말 그렇게 다른가? 하며 기회를 엿보던 중에 지인으로부터 파리 좌안에 위치한 미슐랭 레스토랑의 식사권을 선물받았다. 방송 출연이 잦아서 일반인들도 다 아는 유명 셰프가 운영하는 곳이었다.

레스토랑은 시내 중심 대로변에 위치해 있었지만 커튼을 두 번 젖히고 긴 입구를 따라 들어가야 진짜 입구가 나왔다. 여기부터가 새로운 세계였다. 나름 가장 고급스러워 보이는 옷을 골라 입고 나왔지만 실크 블라우스에 차르르 흐르는 캐시미어 양복을 입은 노신사와 중년의 여성들 앞에서 이상하게 위축됐다. 안내하는 종업원을 따라 깔끔하게 세탁된 카펫 위를 소리 없이 걷는데 나도 모르게 허리가 펴지고 등이 꼿꼿해졌다. 고개를 빼고 보지 않으면 옆 테이블의 음식은 보이지도 않을 만큼 각각의 테이블들이 널찍하게 놓여 있었다. 하나같이 미남, 미녀인 서버들은 속삭이듯 소곤거렸고, 세상의 걱정 없는 사람들만 모아 놓은 듯 손님들도 하나같이 나른한 표정이었다.

메뉴에는 푸아그라, 생굴, 조개관자, 바닷가재, 새끼 양, 산비둘기와 같은 고급 재료들이 모여 있었다. 본연의 맛을 살려 요리하겠다는 셰프의 철학과 품질에 대한 자신감을 드러내기 위함이리라. 고민을 하다가 내가 무엇을 먹을지를 온전히 셰프의 선택에 맡기는 '셰프의 메뉴'로 정했다. 오늘 특별히 자신 있는, 신선한 재료를 사용해 주지 않을까 기대하면서.

결론적으로 그건 나의 순진한 생각이었다. 이 레스토랑의 분위기와 인테리어, 서비스는 내게 다른 차원의 경험을 선사해 주었으나, 정작 요리는 그다지 인상적이지 않았다. 차라리 메뉴 선택을 내가 직접 했더라면 최소한 고급 재료가 쓰인 요리를 먹어 볼 수 있지 않았을까 하는 아쉬움이 남을 정도였다.

우선, 아페리티프apéritif를 보자. 비고르 흑돼지 잠봉 jambon de cochon noir de Bigorre이 나왔다. 스페인의 이베리코 Iberico 흑돼지처럼 자연 방목으로 기르는 프랑스 최고 품종 돼지의 생 햄이다. 훌륭한 재료지만 재료는 재료일 뿐, 요리라고 할 수 없다. 함께 나온 빵은 자체로는 따뜻하고 푹신푹신해서 버터와 먹으면 입에서 사르르 녹았다. 그러나 이렇게 부드러운 식감은 질기고 짠 잠봉과는 전혀 어울리지 않는다. 미슐랭 식당에서 이런 선택을 하다니 조금 놀랍기까지 했다.

전식으로 나온 푸아그라foie gras 역시 접시 어디에도 요리라 부를 만한 부분이 없었다. 게다가 푸아그라의 가장자리가 약간 산화된 상태였고, 옆에 곁들인 무화과 잼은 푸아그라에 따라 나오는 전형적인 구성인 데다, 위에 뿌려진 피스타치오 가루는 푸아그라의 강한 맛에 묻혀 존재의 의의를 잃었다. 함께 나온 빵도 그랬다. 이번에는 토스트한 두터운 시골빵pain de campagne이 나와서 푸아그라와 잘 어울리겠다는 기대를 했으나 가장자리가 그을러 있는 탓에 푸아그라의 맛이 탄 맛에 묻혀 버렸다. 결국 남편과 나는 빵도 없이 푸아그라만 잘라 먹으며 접시를 비웠다.

본식은 셰프의 고향이라는, 프랑스와 스페인의 접경지역 생장드루즈Saint-Jean-de-Luz 지방의 대구와 홍합 요리였다. 조개로 냈다는 육수와 곁들인 채소, 회향fenouil은 생선요리와 잘 어우러졌다. 소스는 바닷가재처럼 깊은 맛을 냈고, 회향은 자칫 지루할 수 있는 홍합과 생선의 식감을 아삭하게 살려 주었다. 그러나 아무리 셰프의 고향에서 왔다고 해도 대구와 홍합은 그리 고급스러운 재료가 아니다. 내가 메뉴에서 직접 골랐다면 새끼 양고기나 산비둘기 요리를 선택했을 것이다. 이쯤에서 의심이 살짝 스친다. 혹시 재료비가 가장 적게 들고 인기가 없는 음식을 "셰프의 메뉴"라는 이름으로 내준 것이 아닐까 하는.

디저트로는 초콜릿에 생크림을 넣어 만든 가나시ganache가 나왔다. 카카오 함유 농도가 서로 다른 여러 겹의 초콜릿 크림이었는데, 그 위에 라임으로 낸 단단한 거품을 올렸다. 하지만 겹겹의 초콜릿 크림들은 입안에서 뒤엉켜 각각의 개성을 드러내지 못한 채 묵직한 식감을 냈고, 라임은 매우 시고 달았다. 상큼한 맛을 더해 주어야 할 라임이 자체로 강렬한 맛을 내며 따로 놀았다.

코스요리는 대부분 본식까지 먹으면 이미 배가 부르기 때문에 디저트가 웬만큼 맛있지 않으면 접시를 다 비우기 힘들다. 그래도 훌륭한 식당이라면 식사를 정리하기에 이상적인, 가볍고 상큼하고 창의적인 디저트를 내놓아 아무리 배가 부른 손님이라도 마지막 한입까지 망설임이 없도록 입맛을 북돋는다.

이 레스토랑에서 우리는 디저트를 사실 다 먹지도 못했다. 오랫동안 비워지지 않는 접시를 보고 종업원이 와서 물었다.

"혹시 다 드신 겁니까?"

테이블을 치워 주기를 기다리고 있던 나는 얼른 그렇다고 대답했다. 종업원은 재차 물었다.

"이걸 그럼 남기는 건가요?"

어떻게 우리 식당의 음식을 남기고 갈 수 있냐는 듯 어이없어하던 그 눈빛은 일종의 상징처럼 내 마음에 남아 그곳을 생각해 보는 계기가 됐다.

전체적으로 요리의 수준은 평균 이상이었다. 하지만 1인당 최소 15만 원은 하는(여기에 식전주와 와인, 치즈까지 생각하면 수십만 원이다) 값을 지불하면서 가스트로노미(gastronomie, "수준 높은 미식 요리")의 경험을 했다고 자부하기는 어려웠다. 미슐랭의 인정을 받았으니 이제 게임 끝이라고 생각하는 것일까? 어쨌거나 전 세계에서 밀려온 사람들이 테이블 하나를 못 받아서 안달인 상황인데 뭐가 아쉽겠는가.

우리는 음식을 맛보는 일처럼 주관적인 활동에서 평론가에게 무엇을 기대할까? 우리가 하나하나 직접 맛을 보고 평가할 수 없으니 정말 먹어 볼 만한 식당을 추천해 달라고 맡겨 두는 게 아닐까? 그렇다면 평론의 기준은 보다 엄격하고 객관적이어야 하지 않나? 혹시 우리가 평론가와는 다른 기준으로 식당을 평가해서일까?

미슐랭 레스토랑들의 평균적인 가격대로 볼 때, 서민들에게는 미슐랭 스타 셰프의 레스토랑 방문이 일생에 몇 번 안 되는 기회이기 마련이다. 어떤 식당에 가게 되더라도 수준 이상의 최고의 경험을 제공받고 싶은 것이 당연하다.

나의 첫 미슐랭 레스토랑 체험은 쓸쓸하게 끝났다. 머리가 복잡해져 레스토랑을 나서는데 문득 그런 의문이 들었다. 미슐랭 별이 밝혀 주는 후광에 눈이 멀어 여기까지 왔지만 정작 미슐랭에 대해 나는 얼마나 아는가. 세계적으로 유명하고 엄청나게 권위 있다는 사실 외에 평가의 과정과 기준에 대해 아는 것이 있는가. 나는 〈미슐랭 가이드〉에 대해 본격적으로 알아보기 시작했다.

파리는 이제 미슐랭을 읽지 않는다 ° °°

〈미슐랭 가이드〉를 향해 쏟아지는 비판이 매섭다.
미슐랭이 시대의 경향을 따라가지 못한다는 징후는
곳곳에서 발견된다.

오늘의 메뉴. 트러플 감자 퓌레를 곁들인
송아지 췌장 요리

장소. 베르나르 루아조 셰프의 식당,
라 코트도르La Côte-d'or

참석자. 이 식당이 미슐랭 별 하나를 잃게
되리라는 소문을 가져온 음식평론가

〈미슐랭 가이드〉는 1900년 파리에서 열린 세계박람회를 계기
로 탄생했다. 프랑스의 타이어 회사인 미슐랭은 박람회에 참가
하는 자동차 소유자를 대상으로 관광정보가 담긴 정비소 리스
트를 배포했고 그것이 큰 호응을 얻자 그 후로 몇 년 동안 무료
로 배포했다.

1차 대전 직후, 회사의 대표였던 두 미슐랭 형제는 경영인이라면 누구라도 가슴 철렁할 장면을 목격한다. 차량 정비소의 기술자들이 〈미슐랭 가이드〉를 대량으로 쌓아 놓고 차축을 고정하는 용도로 사용하고 있었던 것이다. 이후 가이드북은 유료로 전환되었고 현재 약 25유로에 판매되고 있다.

〈미슐랭 가이드〉의 목적은 처음부터 확실했다. 사람들이 자동차를 더 멀리 더 많이 굴려서 타이어를 더 자주 교체하도록 하는 것. 그러기 위해서는 사람들이 자주 여행을 떠나야 했다. 유료화한 〈미슐랭 가이드〉는 레스토랑 정보를 제공하기 시작했다. 구독자들의 제보를 받고 '비밀 탐사단'이 레스토랑을 선별해 별 한 개부터 세 개까지 등급으로 나누는 방식을 체계화했다. 그러나 곧 2차 대전이 터지고 발행은 중단된다.

〈미슐랭 가이드〉의 전성기는 2차 대전이 끝난 후 30년 동안이다. 해마다 〈미슐랭 가이드〉가 발행되는 봄이 오면 사람들은 가이드가 소개하는 식당들을 찾아가기 위해 시동을 걸었다. 판

○　〈미슐랭 가이드〉는 레스토랑 정보가 있는 '레드 시리즈'와 여행·관광 정보가 있는 '그린 시리즈'로 나뉜다. 이 글에서는 '레드 시리즈'만을 이야기한다.

○○　참고서적:

1) Collectif, Loïc Bienassis, Francis Chevrier 외, *Le Repas Gastronomique des Français*(프랑스의 미식문화), Gallimard, 2015

2) Aymeric Mantoux & Emmanuel Rubin, *Le Livre Noir de la Gastronomie Française*(프랑스 가스트로노미의 검은 책), Flammarion, 2011

매부수는 50만 부를 넘어섰고 미슐랭은 세계 타이어 시장의 리더가 되었다. 〈미슐랭 가이드〉는 매해 전 세계 미디어의 집중 조명을 받으며 공개되었고, 이를 축하하는 대형 축제가 열렸다. 덩달아 프랑스 요리의 위상도 높아져 미슐랭이 선정하는 레스토랑을 방문하기 위해 전 세계에서 사람들이 몰려들기 시작했다. 음식의 가격도 올라갔고 보도하는 방송의 시청률도 올랐다. 1989년 〈미슐랭 가이드〉는 판매수치를 60만 부로 발표했고, 그렇게 요식업계의 '신의 목소리'가 되었다.

2000년대 들어 〈미슐랭 가이드〉를 둘러싸고 몇 가지 사건이 벌어졌다. 우선 2003년에 유명 셰프의 자살 사건이 발생했다. 부르고뉴 지방의 베르나르 루아조Bernard Loiseau는 1991년 〈미슐랭 가이드〉로부터 별 세 개를 받은 인기 셰프였다. 폴 보퀴즈Paul Bocuse, 조엘 로뷔숑Joël Robuchon, 알랭 뒤카스Alain Ducasse, 마크 베라Marc Veyrat 등 프랑스 최고의 셰프들과 어깨를 나란히 했고, 파리에 식당과 호텔을 내고 식품업으로 사업을 확장하며 전성기를 누렸다.

2002년 가을, 그는 친한 요리 평론가로부터 충격적인 소문을 전해 듣게 된다. 그때까지 유지하고 있던 미슐랭 별 세 개 중 하나를 곧 잃을 수 있다는 내용이었다. 그 후 다른 미식 가이드에서 평년보다 낮은 점수를 받고 불길한 예감에 휩싸인 루아조는 2003년 2월, 스스로 목숨을 끊었다. 주변 사람들은 그가 평소에도 미슐랭의 별을 잃게 될까 봐 늘 불안해했고 우울증까지 앓았다고 증언한다. 또한 과도하게 사업을 확장하고 홍보에만 주력하는 그의 행보를 미슐랭 측이 못마땅하게 여겼다는 소문도 내부 문서 유출을 통해 사실로 밝혀졌다.° 이 사건은 미슐랭의 과도한 권력, 특히 매출에 직접적인 영향을 미쳐 셰프들을 '자발적인 노예'로 만드는 현실을 조명하는 계기가 된다.

또 한 번의 논란은 2005년, 유명 셰프가 미슐랭의 별을 거부하면서 일어났다. 별 세 개를 받았던 알랭 상드랑스Alain Senderens 셰프가 일반인과 점점 동떨어지는 요리에 회의를 느끼고 "더 이상 400유로 이상의 식탁은 차리지 않겠다"며 미슐랭 거부 선언을 한 것이다. 이를 시작으로 프랑스 전역에서 유명 셰프의 미슐랭 스타 거부 선언이 잇달았다. 젊은 셰프들은 미슐랭의 선택과 상관없이 본인만의 요리를 저렴한 가격으로 선보였고, 시장을 움직이기 시작했다. 이로써 파리의 인기 식당들을 정작 미슐랭 리스트에서는 찾아볼 수 없게 되었다.

° François-Régis Gaudry, "La Vérité sur le Suicide du Chef Bernard Loiseau(베르나르 루아조 셰프 자살의 진실)," L'Express(Jan 22, 2013).
이 기사는 루아조 셰프 측이 미슐랭에 보냈던 편지와 주변 사람들의 증언을 단독 보도했다. 이로써 루아조 셰프와의 관련성을 축소한 미슐랭의 주장이 사실이 아니었음이 밝혀졌다.

1. 평가기준이 모호하다.

2. 초호화 인테리어에 높은 점수를 준다.

3. 조사방식이 불투명하다.

프랑스 요리의 우수성을 세계에 알리고 식도락 관광객들을 유치하는 데 가장 큰 공로를 세웠다는 〈미슐랭 가이드〉가 이렇게까지 외면받게 된 이유를 전문가들은 세 가지로 분석한다.

먼저, 납득할 만한 평가논리가 없다는 내용이다. 매해 〈미슐랭 가이드〉의 별점이 발표될 때마다 셰프와 평론가, 기자 들은 그 안의 논리를 파악하기 위해 고심한다. 선택의 기준은 물론이고 별 하나와 두 개, 세 개를 받은 식당들 사이에 어떤 차이가 있는지조차 이해하기 어려워한다. 어느 유명 셰프는 메뉴와 요리팀 등 무엇 하나 달라진 게 없는데 별을 잃었고, 어떤 레스토랑은 셰프가 일을 그만두었는데도 변동 없이 별 세 개를 받기도 했다. 셰프가 바뀌거나 중요한 변화가 생기면 얼마간 '관찰 상태'에 두는 것이 통상적인데도 말이다. 평론가들 모두가 입을 모아 '올해의 베스트'라고 꼽는 셰프가 미슐랭 별 세 개를 달지 못하기도 하고, 이미 별점을 잃었어야 하는 셰프가 계속적으로 영광의 자리에 머물기도 했다.

평가기준에서 중요한 문제로 지적되는 또 하나의 지점은 노

후한 취향이다. 평론지 〈고 에 미요Gault & Millau〉와 얼굴 없는 평론가 프랑수아 시몽François Simon의 논평을 차례대로 소개하면 이렇다.

> 미슐랭 별점은 현실적인 프랑스가 아닌 공식적인 프랑스, 관례적인 프랑스만을 비추고 있다.

> 미슐랭은 모험하지 않는다. 그러니 새로운 재능도 찾아낼 수 없다.

프랑스에는 전 세계에서 몰려온 요리 유학생과 셰프 들이 넘쳐나고, 이들이 가져온 다양한 모태 문화는 끊임없이 프랑스 요리와 대화하며 영향을 주고받고 있다. 창조적인 요리에는 점수가 박하고, 새로운 셰프가 미슐랭에 등재되기까지는 너무 오랜 시간이 걸린다. 한 셰프는 "미슐랭이 점수는 매길지 모르지만 우리를 이끌지는 못한다"고 지적했다.

미슐랭의 다음 문제로 요리가 아닌 식당의 장식과 시설에 과하게 치중한다는 내용이 있다. "우리끼리는 〈미슐랭 가이드〉를 화장실 가이드라고 부릅니다. 화장실의 디자인이 고급스러울수록 점수도 올라가니까요." 이렇게 말하는 셰프들이 있을 정도다. 미슐랭은 실제로 식당 주인들에게 화장실에 보다 많이 투자하라고 권고한다고 한다. 화장실 공사 후 〈미슐랭 가이드〉에 등재되었다고 증언한 셰프도 있고, 고성으로 식당을 옮긴 뒤에 별 하나를 더 얻었다고 밝힌 셰프도 있다. 뿐만 아니다. 고급스러운 포크와 나이프, 식탁보, 식기도 중요하다.

〈미슐랭 가이드〉의 힘은 조사방식의 비밀스러움에서 기인한다. 일반 손님으로 가장한 조사원들이 요리를 맛보고 식당을 둘러본 뒤 점수를 매긴다. 신뢰도를 높여 주는 이 원칙은 현재까지도 잘 지켜지고 있다. 다만 이들이 일하는 방식에 몇 가지 문제가 제기된다.

가장 첫 번째 문제는 '옛날 공무원 방식'이다. 미슐랭의 조사단원은 미슐랭 타이어에 소속된 직원들이다. 이들은 평균적으로 한 해 2만 5천 내지 3만 킬로미터를 이동하며 약 300번의 식사를 채점한다. 이들의 보고서 안에는 어떠한 판단도 없다. 정해진 질문에 항목들을 채워 넣기만 한 보고서는 몇 단계에 걸쳐 추려지고 조사단원은 후반 단계까지 살아남은 레스토랑을 다시 한번 방문한다. 전문가들은 가장 중요한 첫 번째 보고서가 행정서류처럼 작성되면 현장의 느낌이 전달될 수 없고 오류의 가능성이 커진다고 지적한다.

미슐랭의 자부심인 '공무원과 같은' 성실성 혹은 엄격함에도 의혹이 제기된다. 2002년 당시 〈미슐랭 가이드〉의 대표였던 데렉 브라운Derek Brown은 "〈미슐랭 가이드〉의 조사원들은 몇 명이고, 그들의 조사기준은 무엇입니까?"라는 기자의 질문에 "약 100여 명의 조사원들이 매해 900여 개의 식당들을 한 차례씩 다녀간다"고 답한 바 있다. 또한 "다양한 국적의 조사단원들은 미슐랭에서 수개월 동안 교육을 받고 매해 겹치지 않는 다양한 지역을 다닌다"고 말했다. 그런데 이와 같은 사실을 확인할 길이 없다. 회사의 재정 상황, 활동비 시스템에 비추어 이 모든 것이 가능한지 의심스러운 부분도 있다. 업계에서는 실제 조사원의 수가 이보다 훨씬 적고 조사원들이 한 해 한 번이 아니라 2년에 한 번 정도 같은 식당을 방문하고 있으리라고 짐작한다. 실질적으로 〈미슐랭 가이드〉의 판매부수가 매해 급격히 줄고 있기 때문에 이전과 같은 방식을 고수하기란 불가능하다는 얘기도 있다. 참고로, 〈미슐랭 가이드〉의 판매부수는 현재 공식적으로 15만 부다. 한편, 출판 전문 주간지 〈리브르 엡도〉는 GFK(독일 시장조사 기관)의 수치를 인용해 〈미슐랭 가이드〉가 2016년 7만 2천 부, 2017년 5만 6천 부 판매됐다고 밝혔다.°

　이 중에서도 가장 큰 문제는 살인적인 권위다. 압박감으로

°　Claude Combet, "Le Guide Michelin Régne sur les Meilleures Ventes(베스트셀러에 오른 〈미슐랭 가이드〉)," *Livres Hebdo*(Feb 21, 2018)

자살한 셰프가 있을 정도니 말이다. 〈미슐랭 가이드〉에 등재되고 별을 달게 되면 세계적으로 엄청난 홍보가 되어 평균 30퍼센트 이상의 매출로 이어진다고 한다. 셰프들이 긴장하는 건 당연하다.

정신적 스트레스도 문제지만 셰프들이 각자의 개성을 창의적으로 발휘하기 힘들다는 문제도 있다. 미슐랭의 취향이 너무나 보수적이고 구식이어도 인정받기 위해서는 어쩔 수 없이 그 입맛에 맞춰야 한다. 한 예로, 이미 별 세 개를 획득한 셰프 알랭 파사르Alain Passard는 2000년에 채식요리만 하겠다고 선언한 지 얼마 안 돼 다시 육식요리를 시작했다. 그 뒤에 미슐랭의 압력이 있었다는 소문이 무성했다.

가장 큰 피해자는 여러모로 소비자다. 미슐랭은 익숙한 셰프들에게 늘 후한 편이고 이들의 별점을 여간해서 바꾸지 않는다. 메뉴에 수년째 변화가 없어 평론가들에게 저평가되는 레스토랑이라도 가이드에 계속 등재된다. 그러니 요리의 수준이 균일하지 않을 위험이 생긴다. 일생에 몇 번 안 되는 기회라고 생각하며 프랑스의 미슐랭 식당을 방문한 외국인 여행자들이 거금을 내고 실망하며 돌아갈 수도 있다는 얘기다.

몇 해 전《프랑스 가스트로노미의 검은 책》의 저자이자 〈르 푸딩〉의 창시자인 에마뉘엘 뤼뱅Emmanuel Rubin을 인터뷰할 기회가 있었다. 〈미슐랭 가이드〉에 대한 그의 총평 역시 마찬가지였다.

투명성이 요구되는 시대에 그들은 옛날식으로 일하고 있어요. 요리에 대한 그들의 관점 또한 시대에 완전히 뒤처졌다고 봅니다.

요리 평론에도 소통은 필수다. 절대적인 권위의 시대는 끝났다. 또한 새로운 시대는 이미 와 있다.

진짜 우리 시대의 맛

미슐랭 스타 셰프에게서 독립한 젊은 셰프들, 그리고
〈미슐랭 가이드〉를 반격하고 나선 〈르 푸딩〉의 평론가들.
그들이 말하는 진짜 우리 시대의 맛.

오늘의 메뉴. 슈 파르시,°
앙리 4세식 닭요리

장소. 파리 6구의 비스트로,
르 콩투아 뒤 를레

참석자. 미슐랭 스타 레스토랑에 실망한
두 식탐가

파리의 오데옹 지하철역 근처에는 르 콩투아 뒤 를레Le Comptoir

du Relais라는 레스토랑이 있다. 주중의 낮 시간과 주말에는 예

약과 브레이크 타임이 없어서 온종일 줄 서 있는 사람들로 붐비

°   chou farci. 고기, 채소 등으로 속을 채운 양배추 요리

는 곳이다. 테이블이 다닥다닥 붙어 있고, 자리에 앉으면 조금 불편할 수도 있다. 그러나 종업원의 활기찬 인사를 받으며 메뉴판을 펼쳐드는 순간부터 미심쩍음은 사라질 것이다. 자타공인 투덜이인 나만 해도 그랬으니까.

르 콩투아의 메뉴판에는 정말 많은 요리가 들어 있다. 전식, 본식, 후식까지 모두 합쳐 90여 가지라고 한다. 우선, 요리의 종류를 살펴본다. 간단한 음식부터 값나가는 재료에 정교한 테크닉이 필요한 요리까지 다 들어 있다. 전식만 봐도 '수제 마요네즈를 곁들인 삶은 계란'부터 리예트, 파테, 정어리와 같은 토속요리, 감자 퓌레 혹은 '콩 샐러드를 곁들인 푸아그라' 그리고 '아보카도를 곁들인 바닷가재'와 같은 고급 요리를 아우른다. 이모든 것이 5유로에서 40유로 사이로, 모두를 배려한 가격이 합리적이고 정직하다는 인상을 준다.

열여덟 가지가 넘는 본식 메뉴도 그렇다. 말린 대구에 으깬 감자를 함께 내는 브랑다드 드 모뤼brandade de morue, 참치 철판구이, 남부 프랑스식 소고기찜 요리인 라 돕 드 뵈프la daube de bœuf와 같이 흔한 요리도 있고, 프랑스 왕실의 전통요리라고 하지만 일반 식당에서는 본 적 없었던, 앙리 4세식의 '어린 닭 요리'도 있다. 이 중 30유로를 넘는 음식은 없다. 여기에 치즈의 종류가 스무 가지 가까이고, 디저트도 열네 가지나 된다. 와인 또한 리스트가 길기도 하지만 대부분 가성비가 뛰어나다고 소문난 와인들이고, 한 병에 12유로부터 450유로까지, 각자의 기호와 사정에 맞게 고를 수 있도록 해 놓았다.

메뉴판이 복잡하고 길 때 생길 수 있는 불안감은 첫 번째 요리만 맛보아도 금방 해소된다. 메뉴판에는 요리 재료의 공급자 이름까지 명시되어 있는데, 자부심이 이해가 될 만큼 모든 재료의 품질이 좋았다. 손질의 방법과 익힌 정도 또한 주방의 엄격함이 느껴질 정도로 정확했다. 무엇보다, 아무리 흔하고 간단한 요리라도 셰프의 재해석을 통해 창의적인 모습으로 재탄생했다. 이 정도 수준의 요리를 이 가격에 먹을 수 있다는 사실만으로도 엄청난 혁신이라는 생각이 들 정도였는데, 잘 살펴보면 그 이유를 알 수 있다. 기본적으로 이 레스토랑은 값나가는 재료들보다는 일상적인 재료들을 사용한다. 그런 재료들이 미슐랭 별을 받아도 손색없을 솜씨로 훌륭한 요리가 된다. 활달한 분위기의 이 비스트로를 찾는 손님들이 맛있게 음식을 먹고 즐거운 시간을 보내는 일. 이 공간은 오로지 그 하나의 목적만을 위해 존재하는 듯하다.

이브 캉드보르드Yves Camdeborde는 14세의 나이에 요리사가 되기 위해 학업을 중단하고 리츠 호텔 레스토랑, 라 투르 다르장La Tour d'Argent, 호텔 크리용Hôtel de Crillon과 같은 최고급 호텔 식당의 세프들 아래에서 경험을 쌓았다. 그의 나이 스물여덟이 되던 1994년에는 파리의 변두리 동네에 본인의 첫 식당, 라 레갈라드La Régalade를 열었다. 작은 규모에 양 많은 시골 음식을 주 메뉴로 하는 비스트로였다. 캉드보르드는 당시 호텔 크리용이라는 화려한 궁전을 떠난 이유에 대해 일종의 세대적 불화 때문이라며 "기술적으로는 완벽했으나, 서비스는 자연스럽지 않았고 모든 것이 과하게 꾸며져 있었다"고 설명했다.

파리 변두리의 작은 레스토랑이 평론가들에게 발견되기까지는 시간이 걸렸다. 여성지에 한 번 소개된 다음, 당시 〈피가로 스코프〉에 글을 쓰고 있던 음식평론가 프랑수아 시몽이 다녀갔다. 프랑수아 시몽은 파리 레스토랑의 새로운 경향에 관해 글을 썼고 라 레갈라드를 거론했다. 곧이어 사람들이 몰려왔다. 그중에는 영화감독 스티븐 스필버그, 영화배우 장 폴 벨몽도도 있었다. 하지만 너무 붐비고 운영에 스트레스가 커지자 캉드보르드는 라 레갈라드를 동료 세프에게 넘기고 한 해 휴식을 취한 뒤 2005년 오데옹 광장에 두 번째 식당, 르 콩투아 뒤 를레를 연다.

캉드보르드는 라 레갈라드에서 재료의 수준을 낮추었을 뿐, 호텔 크리용에 있을 때와 거의 같은 요리를 했다고 말한다. 값싼 재료들로 여겨져 고급 요리에서는 쓰이지 않던 소의 볼살, 돼지의 발, 소의 토시살, 정어리와 같은 재료들도 요리만 잘하면 훌륭한 맛을 낼 수 있음을 사람들은 알게 되었다. 캉드보르드가 스스로 평가하는 첫 번째 성과다.

평론가들은 그로부터 시작된 프랑스 요식업의 새로운 경향을 "비스트로노미bistronomie"라고 불렀다. 레스토랑보다 급이 낮은 서민적인 동네식당을 지칭하는 단어 비스트로bistro에 수준 높은 미식 요리를 칭하는 가스트로노미gastronomie를 합한 신조어였다. 젊고 실력이 뛰어나지만 고급 레스토랑과 코드가 맞지 않는 새로운 셰프들은 캉드보르드의 뒤를 이어 파리의 동쪽, 임대료가 싸고 서민적인 동네에 하나둘씩 식당을 내기 시작했고, 그렇게 비스트로노미는 파리 요식업의 커다란 경향이 된다.°

'비스트로노미'라는 단어는 단숨에 많은 것을 이해시켜 주었다. 정형화된 고급 식당에 고루함을 느끼던 사람들, 새로운 것을 원했던 사람들, 가성비가 훌륭한 요리를 먹고 싶었던 사람

° 　이브 캉드보르드에 관한 내용은 다음의 책과 인터넷 기사를 참고했다.
1) "Bistronomie, Michelin et Post-Bistronomie, Grand Entretien avec Yves Camdeborde(이브 캉드보르드와의 인터뷰: 비스트로노미, 〈미슐랭〉 그리고 포스트-비스트로노미에 대하여)," *ATABULA*(May, 2015)
2) François Simon, "Ah, J'avais Oublié Ce Portrait de Yves Camdeborde (아, 이브 캉드보르드에 대한 인물기사를 잊었군요)," Simonsays(프랑수아 시몽 블로그)
3) Alexandre Michel & François Simon, "Ce Que le Fooding A Changé en Cuisine(〈르 푸딩〉이 바꾼 것)," *Madame Figaro*(Nov, 2007)

들, 보다 활기차고 다 함께 어울리는 분위기를 원했던 젊은이들은 "비스트로노미 식당"이라고 일컬어지는 곳을 찾아다니기 시작했다. 그러니 프랑스 요식업의 새로운 바람은 이브 캉드보르드와 같은 젊은 셰프들뿐 아니라 그것을 새로운 단어로 명명하고 효과적으로 조명하고 나선 평론가들의 업적이기도 하다.

그런 맥락에서 '비스트로노미'라는 단어와 늘 함께 거론되는 것이 프랑스 식당 가이드북 〈르 푸딩〉이다. 기자이자 음식평론가인 에마뉘엘 뤼뱅과 알렉상드르 카마스Alexandre Cammas가 창간한 〈르 푸딩Le Fooding〉은 Food와 Feeling의 합성어다. 2000년부터 일간지의 별책 형태로 매해 발행되다가 2008년에는 단독 가이드북이 됐다. 두 젊은 평론가는 〈미슐랭 가이드〉로 대표되는 프랑스 요식업계에 회의를 느끼고 "고품질의 새로운 맛, 지루함에 대한 거부, 일상에 대한 애정 그리고 우리 시대의 맛에 대한 욕구"를 비전으로 하는 이 잡지를 창간했다.

미국의 대표적인 프랑스 전문 기자이자 작가인 애덤 고프닉Adam Gopnik은 《식탁의 기쁨》에서 〈르 푸딩〉의 정신적 기반과 운동의 양상이 영화운동 누벨바그Nouvelle Vague와 닮아 있다고 썼다.°

°   애덤 고프닉 지음, 이용재 옮김, 《식탁의 기쁨》, 책읽는수요일, 2014, 328쪽

누벨바그는 1950년대 초, 영화 평론지 〈카이에 뒤 시네마 Cahiers du cinéma〉의 젊은 평론가 몇 명이 기존 프랑스 영화의 경향에 문제를 제기하고 새로운 방식의 영화 보기를 제안하며 시작됐다. 애덤 고프닉은 〈르 푸딩〉과 누벨바그를 연결짓는 이유로 "미국문화의 재발견"을 이야기한다. 누벨바그가 히치콕, 존 포드와 같이 홀대받던 장르영화 감독들을 통해 미국영화를 재발견했듯, 〈르 푸딩〉도 프랑스에서 오랫동안 무시되어 왔던 미국의 식문화를 재발견하고 위기에 처한 프랑스 레스토랑의 해답을 얻으려 했다는 것이다. 그는 〈르 푸딩〉을 두고 "미국이 되지 않으면서 프랑스 음식을 미국화하는 것"이라고 썼다. 미국의 캐주얼한 소통방식, 무거운 것을 가볍게 만드는 젊은 에너지를 가져오려 한다는 것이다.

캉드보르드가 크리용과 리츠 호텔에서 느낀 '세대적 불화'는 대체로 〈미슐랭 가이드〉가 환호하는 특성이라고 볼 수 있다. 그러니 미슐랭 스타 셰프에게 훈련받은 젊은 셰프들의 독립과 〈미슐랭 가이드〉를 비판하는 〈르 푸딩〉의 창간은 같은 맥락이다. 누벨바그 평론가들이 스스로 감독이 되거나 감독들을 '작가'의 이름으로 중심에 내세웠듯이, 〈르 푸딩〉 또한 캉드보르드나 아이즈피타르트Aizpitarte와 같은 새로운 셰프들을 중심에 두고 담론을 만들어 갔다. 이 모든 흐름은 미슐랭의 구태의연함과 구대륙의 엄숙주의에서 해방되어 자유롭고자 한 세대가 만들어 낸 경향이다.

2000년대 후반 파리에 불어 온 비스트로노미 돌풍은 이제 더 이상 새롭지 않다. 2016년 발행된 〈르 푸딩〉은 '우리 시대의 맛'을 이야기하기에 비스트로노미라는 단어는 이제 너무 협소해졌다고 썼다. 길거리 음식과 다른 문화권 요리의 영향으로 계층과 취향이 뒤섞이는 현재의 프랑스 요리는 "포부르주아즈 퀴진"°으로 통칭해야 한다면서. 그들이 고민하는 '시대의 맛'은 앞으로도 계속 바뀔 것이고, 새로운 명칭으로 정의될 것이다.

더불어, 이제 음식과 요리는 영상매체의 폭발적인 관심을 받게 됐다. 전 세계적인 현상인 듯하다. 오전 시간 주부용으로 제작되던 요리 프로그램은 저녁 프라임 시간대를 장악했고, 셰프들은 스타로 대접받는다. 하지만 그것이 생산적인 고찰로 이어지고 있는지는 의심스럽다. 아니 최소한 우리는 그만큼 더 잘 먹게 되었는지, 부산스럽기만 한 한때의 해프닝인지 모르겠다.

그런 맥락에서 〈르 푸딩〉의 성과는 뚜렷해 보인다. 〈르 푸딩〉은 그저 요리를 평하고 별점을 주는 데 그치지 않고, 내부의

° Faubourgeoise Cuisine. faubourgeoise는 사전적으로 "성 밖, 변두리"를 칭하는 프랑스어 "faubourg"를 형용사화한 단어다. "포부르주아즈 퀴진"이라고 하면 경계를 허물고 밖으로 나가 뒤섞이는 요리를 의미한다.

진짜 창조자인 셰프들과 함께 새로운 바람을 일으키고, 미식이 담론이 될 수 있음을 보여 주었다. 먹으면서 무엇을 고민해야 하는지, 사유의 필요성과 주제를 던져 주고 토론의 가능성을 열었다. 또한 음식을 하나의 패러다임으로 읽고 패러다임의 변화에 직접 관여하는 평론의 가능성을 선보였다. 수혜자는 물론 더 나은, 새로운 음식을 먹을 수 있게 된 소비자다.

———— +++ ————

2017년 9월, 〈미슐랭 가이드〉가 〈르 푸딩〉의 지분 40퍼센트를 매입했다는 보도가 있었다. 〈그라치아〉는 "가장 반항적인 자식도 결국 부모를 닮아 간다"°고 논평했고, 〈텔레라마〉는 나폴레옹 3세의 말을 인용해 "절대 일어나지 않는 일은 절대로 없다"°°고 썼다. 〈르 푸딩〉의 창립자 알렉상드르 카마스는 〈르 푸딩〉의 규모가 커지는 와중에 더 멀리, 더 힘차게 나아가기 위한 결단이며, 그럼에도 〈르 푸딩〉의 기본 정신은 변하지 않을 것이라고

°   Lisa Vignoli, "Le Fooding Lâche le Morceau et s'Allie au Guide Michelin(〈르 푸딩〉이 체념하고 〈미슐랭〉과 동맹을 맺는다)," *Grazia*(Sep 23, 2017)

°°   Francois Chevalier, "Michelin et Fooding: un Mariage de Raison Entre Deux Guides que Tout Oppose(〈미슐랭〉과 〈르 푸딩〉: 정반대인 두 가이드북의 정략결혼)," *Telerama*(Sep 6, 2017)

말했다. 〈르 몽드〉는 이 사건을 "정략결혼"이라고 이름 붙이며 긍정적으로 평가했다. "〈르 푸딩〉은 복음 전파의 임무를 완수했고, 재능 있는 셰프들이 미슐랭 셰프만큼 인정받도록 만들었다. 미슐랭과의 동맹으로 그들은 또 다른 비전을 가질 수 있을 것이다."○

〈미슐랭 가이드〉는 역동적인 이미지를 얻었고, 〈르 푸딩〉은 자본을 얻었다. 이제 다음 세대의 반항적인 자식이 기대된다.

○　Elvire von Bardeleben, "Fooding et Michelin, le mariage de la carpe et du lapin(〈르 푸딩〉과 〈미슐랭〉, 불가능한 결혼)?" *Le Monde*(Sep 7, 2017)

이민자의 식당에서

자신의 정체성을 지키면서 대중들에게 새롭고 유쾌한 경험을
선사하는 김윤선 셰프는 프랑스 요식업계에서 인정받는
한국인 이민자 셰프다.

오늘의 메뉴. 비빔밥과 한국식 거바오
장소. 파리 10구의 레스토랑 마 키친과 쌈
참석자. 프랑스 음식평론가들

'진짜' 시대의 맛을 이야기하겠다고 공표했던 〈르 푸딩〉의 음식
평론가들은 도시 곳곳에 감춰져 있던, 작지만 훌륭한 식당들을
속속 발굴했다. 2008년 첫 단독 가이드북을 발행하고 2010년을
넘기면서 〈르 푸딩〉의 영향력은 커졌고, 그들이 발견하고 언급
한 식당들은 변두리에 위치한 아주 작은 곳이어도 즉각적으로

사람들의 관심을 받았다. 정통 프랑스 요리 중심의 보수적인 가이드북의 눈에는 들 수 없었던 젊고 개성 넘치는 셰프들이 새롭게 조명됐고, 찬밥 신세였던 이민자들의 요리도 주목할 만한 것으로 격상됐다.

윤선 씨를 알게 된 것도 〈르 푸딩〉을 통해서였다. 2013년 여름이었다. 당시 〈르 푸딩〉의 온라인 사이트에는 셰프들이 본인의 레시피 중 하나를 직접 소개하는 영상이 시리즈로 연재되고 있었다. 그중 하나로 우리나라 음식인 육회 레시피 영상이 게재됐다. 마 키친(Ma Kitchen, "나의 부엌")의 셰프, 김윤선이라고 했다. 한국 요리, 한국 식당이 언급된 것은 처음이라 반갑기도 했고, 젊은 한국 여성이라니 궁금함이 밀려들었다.

만남의 기회는 생각보다 금방 찾아왔다. 그해 9월, 프랑스 내 한식 열풍이라는 주제의 방송 리포트에 참여하면서 윤선 씨가 경영하는 마 키친을 취재했다. 마 키친은 당시만 해도 화려하게 주목받는 동네는 아니었던 파리의 10구, 그중에서도 작은 사무실들이 모여 있는 조용한 거리에 위치해 있었다. 알고 찾아가지 않으면 특별히 갈 일 없을 동네의 작은 식당이었다. 이런 한적한 곳에 사람이 얼마나 올까 싶었는데, 괜한 걱정이었다. 점심시간이 되면서 식당 앞에는 순식간에 기나긴 줄이 늘어서기 시작했다.

당시 방송된 리포트는 "파리의 비빔밥 열풍"을 소개했지만, 그저 비빔밥이라고 하기에는 마 키친의 요리는 독특했다. 겉으로 보기에도 전통적인 비빔밥과는 달랐다. 기본적으로 흰 쌀밥이 아니라 렌틸콩, 퀴노아, 완두콩 같은 다양한 곡물이 섞여 있었고, 크게 썰어 익힌 감자, 호박, 당근, 깍지콩 등 전형적인 비빔밥의 재료와는 거리가 있는 제철채소들이 담겨 있었다. 거기에 생선튀김, 두부조림, 양념치킨 등 매일 바뀌는 네 가지 메인요리 중 하나를 골라 함께 그릇에 담고, 그 위에 셰프가 고안한 몇 가지 소스 중 하나를 뿌리는 방식이었다. 고추장, 참기름으로 대표되는 전통적인 비빔밥 소스에서 벗어나 깨와 유자, 간장 등을 사용한 개성 있는 소스들이 있었다.

재료 본연의 맛을 살리고 가벼움을 지향하는 요리가 한창 인기를 끌 때라서 파리 사람들이 딱 좋아할 만한 점심식사라는 생각을 했다. 비빔밥의 전통에서는 벗어나 있지만 건강에 좋고 신선한 제철 재료들을 그때 그때 바꿔 내놓을 수 있고, 매일 바뀌는 메인요리로 채식부터 육식까지 누구의 취향도 만족시킬 수 있는 영리한 구성이었다. 특히 프랑스 요리에서 중요한 부분을 차지하는 소스에 창의력을 발휘했다는 점, 그렇게 프랑스 사람들의 입맛에 익숙한 방식을 취했다는 점도 흥미로웠다.

공간의 분위기도 그랬다. 작은 공간을 형형색색 알록달록

꾸며 놓아 식당 주인의 성격을 드러냈다. 깔끔하게 옷을 맞춰 입고 일사분란하게 움직이면서, 무뚝뚝한 듯 적당히 친절한 종업원들의 분위기도 인상적이었다. 아시아 식당의 대표적인 이미지인 활짝 웃으며 소프라노 톤의 목소리로 과잉 친절한 동양 여성이 없다는 것, 실은 그게 제일 마음에 들었다.

파리에도 잘되는 한식당은 많지만, 다른 곳에서는 먹을 수 없는 자기만의 색깔이 있는 식당은 많지 않다. 한국인 여성이 작고 조용한 길목에서 "나의 부엌"이라는 이름의 간판을 걸고 묵묵히 일하면서 소통에 성공했다니, 멋지지 않은가. 이민자가 차고 넘치지만 새로 도착한 이들에게는 너무나 보수적인 프랑스 사회다. 조금만 깊숙이 들어가려 하면 슬며시 밀어내는 투명 벽을 겪어 본 사람으로서 나는 그녀가 궁금했다.

일본에서 직장생활을 하던 윤선 씨는 2006년, 그간 모아 둔 돈을 가지고 프랑스에 왔다. 그저 프랑스 요리가 좋아서, 너무 배우고 싶어서였다고 했다. 지방에서 잠시 어학공부를 하며 요리학교 입학을 준비하다가 파리에 오면서 본래의 계획을 변경한다. 소박할지언정 나만의 식당을 차려 보자는 생각을 한 것이다. 처음부터 한식, 아시아식 등의 분류는 하지 않았다. 그저 내가 좋아하는 음식을 매일매일 바꾸어 내놓고 싶다는 마음이 컸다. 본인이 채소를 좋아하는 까닭에 좋아하는 채소를 다 모았고 영양 균형을 생각해 견과류를 첨가했다. 거기에 풍미를 더해 줄 소스를 연구해서 넣었는데, 그렇게 모두 합해 보니 비빔밥과 가장 닮아 있었다고 했다. 우리말이기도 하고, 어감도 좋아서 비빔밥이라고 이름을 붙였고, 10유로를 넘기지 않는다는 원칙을 세웠다. 작고 소박해도 나만의 부엌, 나의 요리를 펼쳐 보일 수 있으면 된다는 생각으로 식당의 이름을 "나의 부엌"으로 정했다. 눈에 띄지 않는 이런 식당에 누가 오기나 할까 했던 우려와 달리, 마 키친은 첫날부터 준비한 음식이 모두 동나는 인기를 끌었다. 첫날 600유로였던 매출이 하루가 다르게 성장했고, 한 달이 채 지나지 않아 사람들은 줄을 서기 시작했다.

개업하고 세 달이 지났을 때였다. 식사를 마친 한 고령의 신사가 그녀를 찾았다. "좋은 일이 있을 겁니다." 말하고는 웃음 지으며 별 다른 말도 없이 자리를 떴다고, 아마도 〈르 푸딩〉의 평론가였던 것 같다고 그녀는 기억한다. 몇 주 후, 〈르 푸딩〉으로부터 연락이 왔고, 가게 유리창에 붙일 스티커가 배송됐다.

개업 수개월 전, 내부 공사 때부터 전략을 세워 SNS를 중심으로 치밀하게 홍보를 시작한다는 파리의 요즘 식당만큼은 아니더라도, 자신을 알리기 위한 나름대로의 방법이 있었겠지 기대했었다. 하지만 이 작고 소박한 식당엔 어떤 화려한 전략도 없었고, 그저 매일매일 최선을 다한 음식이 있을 뿐이었다. 이런 식당을 〈르 푸딩〉의 평론가들이 알아서 발견하고 다가온 것이다.

톡톡 튀는 감각의 윤선 셰프는 이 도시에 계속해서 그녀만의 마성적인 아시안 퓨전 스트리트 푸드 식당을 심어나간다. 한국 비빔밥의 작은 성전이었던 마 키친 이후, 2015년 등장한 대중적이고 소박한 식당, 강렬한 살사 소스와 엄청난 재료들이 가득 들어찬 아시아식 바오 빵을 먹을 수 있는 이곳을 2016년 〈르 푸딩〉에서 최고의 스트리트 푸드 식당으로 선정한다.

2015년, 파리 10구 생마르탱 운하 근처에 그녀가 2호점으로 개업한 식당 쌈Saam에 대한 〈르 푸딩〉의 평가 중 일부다. 이어서 2017년, 3호점으로 낸 하와이식 생선초밥 식당인 아히포케 Ahipoke도 〈르 푸딩〉의 리스트에 올랐다. 1호점 마 키친은 여전히 점심시간마다 200명 이상이 다녀간다고 한다. 어찌 보면 그저 조금 센스 있는 이국적인 길거리 음식, 혹은 거의 분식에 가까운 요리인데, 〈르 푸딩〉의 평론가들은 무엇을 본 것일까? 그들은 무엇을 느끼고 어떤 기대를 하며 그녀의 행로를 지켜보고 있는 것일까?

2호점 쌈의 경우, 대만식 햄버거인 거바오割包를 메인으로 하지만 내용물은 흔한 거바오가 아니다. 불고기에 참깨소스, 체다 치즈, 채소를 넣은 소고기 바오包, 열두 시간을 80도에서 익힌 부드러운 돼지고기에 고추장, 호이신 소스, 오이, 고수 등을 넣어 보쌈을 연상시키는 돼지고기 바오, 프랑스식으로 오븐에 여덟 시간 익힌 양고기에 양파와 고수, 피망을 넣은 양고기 바오가 쓰인다. 여기에 "쌈"이라는 식당 이름을 떠올리면 이곳의 거바오가 한국식 쌈과 비슷하다는 생각을 하게 된다.

이 음식의 위상은 어디쯤일까? 프랑스 사람들에게 여전히 진입장벽이 높은 정통 한국 요리라고 할 수도 없고, 쉽게 만들 수 있는 햄버거류의 패스트푸드라고 할 수도 없다. 자신의 정체성을 지키면서도 이를 무겁지 않게 담아 내는 상업적인 감각이 대중은 물론 〈르 푸딩〉의 평론가들에게도 통했다고 할 수밖에.

내가 평론가여도 마찬가지였을 것이다. 한국식으로 재해석한 요리에서는 고향을 향한 그리움과 애틋함을, 태국식 양배추 소스, 망고 소스, 우리나라의 참깨 소스와 카레 마요네즈처럼 직접 만든 개성 넘치는 소스들에서는 나만의 맛으로 기억되고 싶다는 의지와 도발을, 끊임없이 새로운 메뉴를 개발하고 새로운 식당을 선보이는 에너지에서는 이방인의 불안과 생의 열정을 느낄 수 있으니, 평론가들 또한 윤선 씨의 행로를 계속 따라

가 보고 싶은 마음이리라. 그 모든 이야기가 어떻게 프랑스 요리와 만날지, 서로 어떤 대화를 나누며 영향을 주고받을지 궁금한 것이 당연하다. 새로운 구성원들, 이민자들을 만나며 프랑스 사회가 변해 가듯이, 프랑스 요리도 새로운 요리사들을 만나 달라진 '시대의 맛'을 내게 될 것이다.

'다름'을 두려워하며 점점 보수화되는 요즘 프랑스 사회의 흐름을 생각하면, 이국의 요리, 이민자의 식당이 이렇게 많은 사람의 호의를 끌어낼 수 있다는 사실이 문득 놀랍다. 머릿속의 어떤 편견을 마주할 새도 없이, 혀로 즉각적으로 체험하며 즐길 수 있는 예술이 갖는 마법일 테지만, 진지하고 호기심 가득한 평론가들이 있기에 가능한 일이기도 하다. 한 사회의 문화가 다각적으로 유달리 발전하는 데에는 그만한 이유가 있다.

함께여서 이렇게 외롭다니

크리스마스 연휴로 텅 빈 파리. 마땅히 갈 곳 없는 사람들이
저마다의 외로움을 달래려 마주한 그날 저녁의 식탁.

오늘의 메뉴. 30유로 안팎의 코스요리
장소. 파리 퐁피두센터 근처 중국 레스토랑
참석자. 명절에 갈 곳 없는 프랑스 남자,
한국 여자

여느 때처럼 깔깔대며 수다를 떨던 중이었다. 지하철이 서고 바
로 앞에서 문이 열렸을 때, 친구가 하던 말을 멈추고 얼어붙었
다. 친구의 시선은 우리가 내리는 자리에서 지하철을 타려던 중
년의 프랑스 남자에게 고정되었다. "아는 사람이야?" 하며 친구
를 보다가 앞을 보니, 남자도 친구를 보며 굳어 있었다.

두 사람은 인사를 나눴다. "잘 지내죠?" "네, 잘 지내요. 잘 지내죠?" 잠시 어색한 침묵. 우리가 내리자 남자는 어느새 우리 쪽으로 몸을 돌려 문을 등지고 섰다. 얼굴의 미세한 잔주름들이 예민하게 움직이고 있었다. 강렬한 눈빛으로 친구를 바라보던 남자는 그제야 발견한 듯 나를 힐끗 보더니 "커피 한잔하고 싶은데 바쁜가 보네요" 했다. 친구는 갑자기 당황해서는, "네, 오늘은 안 되겠어요. 안녕히 들어가세요" 하며 남자에게 얼른 타라는 손짓을 했다. 문이 닫힌다는 알림 벨이 울리고 있었다. 친구는 서둘러 몸을 돌리고 내 팔을 잡아끌었다. 장난기 많던 친구가 갑자기 어른의 표정을 하고 있었다.

호기심으로 두 눈을 빛내는 내게 친구는 한숨을 쉬며 말했다. 이렇게 우연히 마주치지 않았으면 누구에게도 하지 않았을 이야기라고. 친구의 표정이 너무 진지해서 순간 마음에 스치는 서운함 같은 건 표시를 낼 수도 없었다. 여간해서 꺼내지 못하는 이야기는 내게도 있으니까. 꺼내 놓는 순간 다시 그때의 고통을 감내해야 하는 이야기일 수도 있으니까.

친구가 남자를 처음 만난 곳은 몇 해 전 겨울, 퐁피두센터의 카페였다. 나도 자주 가던 곳이었는데, 실내였지만 미술관 전체를 한눈에 볼 수 있는 탁 트인 전망이 있고, 오래 있어도 눈치 볼 사람이 없어 공부를 하거나 책을 읽기 좋았다.

프랑스에서 가장 큰 명절인 크리스마스, 학교 친구들이 모두 집으로 돌아간 도시에서 우리와 같은 외국인들이 할 수 있는 일은 많지 않다. 당시 나는 남자친구의 고향집에 놀러가 있었다. 친구는 특별히 할 일이 없어서 습관처럼 그 카페에 갔고, 인적 없는 카페에서 늦게까지 책을 읽거나 공부를 하다가 돌아왔다고 했다.

크리스마스이브를 하루 앞둔 그날, 옆자리에 앉은 프랑스 남자가 말을 걸어왔다. 친구가 읽고 있는 책에 관심을 보이며 시작된 대화는 몇 시간 동안 이어졌다. 남자는 파리의 한 대학에서 철학 강의를 하고 있다고 했고, 한국 문학, 미술에 대해서도 제법 알아서 두 사람은 나눌 수 있는 이야기가 많았다. 크리스마스 방학에 텅 빈 파리에 남아 있는 쓸쓸함에 관해 친구가 이야기하자, 남자는 크리스마스이브의 저녁식사를 제안했다. 너무 순진했는지 모르겠지만, 정말 일종의 연대감 같은 거였다고, 이성으로는 전혀 생각하지 않았다고 친구는 미간에 주름을 지으며 말했다. 그때는 사람과 대화를 해 본 게 너무 오랜만이었으니까…… 어쩌면 뭐라도 잡고 싶은 절실함이었는지도 모르지, 한숨을 실어 덧붙이면서.

외로움에 대해서라면, 입이 쉽게 떨어지지 않는다. 친구의 말처럼 누군가를 만나고 대화할 일이 너무 없어서, 길을 걸으며 내내 혼잣말을 하고 유일하게 하는 말이라고는 "봉주르"뿐이었던 하루들이 내게도 있었다. 세상에 홀로 남겨진 것 같은 기분으로 노을 속을 걸으며 어차피 또 혼자일 기숙사 방으로 돌아가던 저녁들이 모두 한꺼번에 떠올라서, "이 또한 지나가리라"를 하루에도 몇 번씩 읊조리던 시간들이 파도처럼 밀려와서, 가만히 고개를 끄덕이고 만다.

프랑스의 크리스마스이브. '보통의' 사람들은 모두 집에서 가족들과 긴 식사를 하고, 거리엔 오로지 이방인, 관광객 그리고 불행한 사람들만 나와 있는 날. 그 저녁에 두 사람은 퐁피두 센터 앞 광장에서 만났다. 아무 생각 없이 청바지에 코트만 걸쳐 입고 나온 친구는 한적한 광장 저 끝에서 걸어오는, 양복 입은 남자를 보면서 뭔가 잘못되고 있다는 예감을 했다고 한다. 예감이 맞았음을 확인해 주듯 남자는 친구를 보자마자, 오, 아름다우세요, 칭찬을 했다.

멋진 곳에 가고 싶지만, 오늘은 어디든 자리를 구하기가 쉽지 않다면서 남자는 괜찮다면 본인이 자주 가는 근처 중국 레스토랑에 가지 않겠느냐고 물었다. 프랑스 레스토랑은 문을 닫았거나 예약이 끝났고, 그 밤 크리스마스와 상관없이 평소처럼 늦게까지 일하고 있는 사람들은 특별히 갈 곳이 없는 이민자들뿐이었을 것이다.

식당은 텅 비어 있었다고 했다. 그들이 들어가자 구석에 앉아 졸거나 낱말 맞추기를 하던 주인과 종업원들이 일시에 고개를 들었을 것이다. 그들은 남자를 잘 아는 듯 곧바로 익숙한 미소로 인사를 나눈다. 남자는 식당에서 가장 비싼 '제왕의 코스'를 먹자고 했다. 어차피 가장 비싼 세트의 가격이 30유로를 넘지 않는 곳이었고, 그래도 크리스마스였고, 어쨌거나 남자는 양복까지 차려입고 나왔고…… 여러 가지 상황을 보면 왠지 단품을 하나 먹고 헤어질 수는 없을 것 같아서, 그건 너무 매정한 일 같아서 친구는 그러자고 했다. '제왕의 코스'는 네 가지 음식으로 구성되어 있었다. '제왕'이 먹는 음식이라지만, 실은 어디에서라도 먹을 수 있는 가장 흔한 음식들로 짜인 코스였다. 북경수프와 게살수프 중 선택할 수 있는 전식과 소고기볶음, 해산물볶음, 오리고기, 생선튀김에 사이드로 볶음밥이나 흰 밥, 채소볶음, 볶음면 중 하나를 선택할 수 있는 본식, 그 뒤로 디저트였다. 이에 더해 차 혹은 와인 한 잔을 선택할 수 있었다.

단골손님답게 그는 익숙하게 주문을 했을 것이다. 그들은 잠시 음식을 기다리며 와인을 홀짝였겠지만 이미 준비된 음식을 전자레인지에 덥히기만 하면 되는 식당에서 기다리는 시간이 오래 걸리지는 않았을 것이다. 친구는 그날 어떤 이야기를 나누었는지 자세히 기억이 나지 않는다고 했다. 다만, 지금도 그 밤을 떠올리면 기억나는 몇 가지가 있는데, 식사 중간 잠시 자리를 뜬 그가 종업원들에게 가더니 함박웃음을 띠며 무언가를 이야기했고 일제히 그 종업원들이 친구를 쳐다보았다는 것, 그들이 친구를 힐끗힐끗 쳐다보며 웃는 모습을 보고는 얼굴이 화끈거리도록 민망해서 자리에서 사라져 버리고 싶었다는 것, 그리고 디저트로 먹은 파인애플 튀김의 식감이라고 했다.

통조림 파인애플 조각에 밀가루를 입혀 튀긴 파인애플 튀김은 이미 차갑게 식어 있었다. 시큼한 파인애플과 두꺼운 튀김옷, 한입 베어 물 때마다 흘러나오는 기름과 입안에서 꺼끌꺼끌하게 돌아다니는 설탕가루는 제각각 형편없는 상태로 겉돌고 있었다. 튀김을 묵묵히 먹으면서 친구는 그날의 만남을 후회했다.

식당에서 나온 그들은 자연스럽게 가까운 지하철역을 향해 걸었다. 아직 9시도 되지 않은 시각, 남자는 끈질기게 그 밤을 연장하고 싶어 했지만, 친구는 친구대로 그 밤을 이제 그만 끝내고 싶은 마음이 절실했다. 자기 집으로 가서 술 한잔하자는 제안도, 집 앞까지 데려다주겠다는 제안도 모두 단호하게 거절하고 친구는 집으로 돌아갔다.

친구가 잘 기억하지 못하는, 혹은 이야기하지 않은 그날의 풍경에 내 마음대로 빠진 조각을 맞추어 보자면 이렇다. 아마도 친구는 잔뜩 흥분해서 이야기를 늘어놓는 남자를 한참 바라보다가 문득 그의 등 뒤로 심드렁하게 턱을 괴고 졸고 있던 주인 여자를 보았을 것이다. 쏟아지는 창백한 형광등 불빛 아래 있던 그 공간의 모두에게 애처로움을 느꼈을 것이다. 그리고 고개를 돌려 바라본 창밖에서 퐁피두 광장의 고요를 느꼈을 것이다. 아침, 저녁 구분 없이 어떤 날씨에도 늘 북적이던 광장의 적막함을 낯설게 느끼면서 어쩌면 친구는 무의식중에 중얼거렸을 수도 있다. 정말 외로운 밤이라고. 함께 있어서 이렇게 외로울 수 있다니, 하고.

이후 남자는 2, 3일에 한 번꼴로 전화를 걸어왔다고 한다. 친구는 매번 전화를 받지 않거나, 바쁘다는 핑계를 대며 서둘러 전화를 끊었다. 그래도 몇 주 동안이나 계속 걸려오는 전화를 보면서 점점 화가 나더라 했다. 그 정도의 신호를 보냈는데도 이 사람은 왜 이렇게 눈치가 없는가. 아니, 아무것도 없었던 이 정도의 만남도 이 사람에겐 왜 이토록 간절한 걸까. 애초에 미안했던 마음도 차갑게 식어 갔다고 했다. 그렇게 한 달쯤 뒤, 여전히 받지 않는 친구의 전화에 그는 처음으로 음성메시지를 남겨 놓았다. 매번 바쁜 일이 끝나면 만날 수 있을 듯이 얘기해서 정말 그런 줄 알았다고, 계속 만날 생각이 없다고 처음부터 얘기해 줬으면 좋지 않았겠냐고, 그건 정말 예의가 아니라고.

차가워진, 상처받은 목소리를 듣고서 내내 마음이 안 좋았다고 친구는 말했다. "내가 너무 생각 없이 사나, 하는 생각을 했어. 그날도 아무 생각 없이 나가서 괜히 기대하게 만들고 후회를 하고. 그런데 나는 왜 그 사람이 그렇게 싫었을까? 혹시 그 중국 식당이 아닌 다른 좋은 곳에 가서 식사를 했다면 달랐을까?" 친구는 씁쓸하게 웃었다.

나는 그렇지 않으리라고 생각한다. 고독한 사람은 고독한 사람을 알아보는 법이니까. 누군가에게 고독은 양지에서 온 다른 이의 손을 부여잡고 어떻게든 빠져나가고 싶은 늪과 같으니까. 너무 지긋지긋해서, 자신의 고독을 비추는 비슷한 사람은 만나고 싶지 않을 수도 있으니까. 더 말하지 않아도 나는 알 것 같았다.

나폴리의 식당에서

《나의 눈부신 친구》속 레누와 릴라의 도시 나폴리로 여행을 떠나며 나는 그곳의 사람들처럼 살아 보는 일을 꿈꾸었다.

오늘의 메뉴. 감자수프 파스타
장소. 소설가 에리 데 루카의 단골식당
참석자. 두 명의 여행자

일찌감치 목적지를 정해 놓고 그곳을 공부하며 여행을 준비하는 과정은 때로 실제 여행만큼이나 즐겁다. 나폴리도 그랬다. 고대 로마 사람들의 흔적이 고스란히 남았다는 폼페이에 관한 다큐멘터리와 남부 이탈리아의 음식문화에 대한 방송물, 나폴리를 배경으로 한 영화나 책을 찾아보며 여행의 기대감을 높였다. 가장 인상적이었던 작품은 엘레나 페란테의 소설 《나의 눈부신 친구》였다. 1950년대 가난했고 무지했던 시절, 나폴리에서 태어난 두 여자아이 레누와 릴라의 일대기를 다룬 소설이다. 한번 읽기 시작하면 시간 가는 줄 모를 만큼 이야기도 생생하고 재미있었지만, 매력적인 두 여인의 인생에서 나폴리라는 도시 자체가 갖는 의미가 커서 여행이 무척 기다려졌다.

혹시나 해서 찾아본 인터넷 포털사이트에서 나폴리 여행기는 한결같이 "두려움을 무릅쓰고 어쩔 수 없이 하루를 묵었다. 그래도 피자는 맛있었다"로 요약됐지만, 이미 내 마음속에 나폴리는 릴라와 레누가 성장한 "그 도시"였다. 마피아와 쓰레기더미, 가난과 불안정한 치안 이야기를 들을 때마다 다들 겉만 슬쩍 훑어보고 와서 그런 게 아닐까 생각했고, '나는 제대로 보고 오겠어. 나폴리 사람들이 사는 대로 살아 봐야지' 다짐까지 했다.

나폴리 공항에서 도시로 들어가는 내내 택시기사는 쉴 새 없이 허공에 두 팔을 내저으며 뭐라 뭐라 이야기를 했다. 이탈리아어를 곧잘 하는 남편은 잠시 귀 기울여 듣다가 나폴리 사투리가 너무 심해서 하나도 모르겠다며 고개를 저었다. "스파뇰리"라는 단어가 계속 들리는 것으로 보아, 우리가 찾아갈 스페인 지구 이야기를 하는 듯했다. 그게 어쨌다는 건지는 그의 표정만 봐도 알 수 있었다. 자동차로 들어가기가 복잡하고 어려운 동네라는 거겠지. 그래서 동료 택시기사들과 긴긴 토론이 필요했고, 그곳으로 들어가는 본인의 심경이 또한 어지럽다는 거겠지.

과연 그랬다. 길은 예상보다도 훨씬 좁고 아슬아슬했다. 끊임없이 스쿠터가 차와 사람들 사이를 지그재그로 휘젓고 다녔고, 거리에는 가정집의 살림살이가 아무렇게나 놓여 있었다. 좁은 길목에 의자를 놓고 앉아 있던 구멍가게의 할머니는 택시에 길을 터 주기 위해 힘들게 일어나 의자를 치워야 했다. 택시기사는 길을 잘못 들어설 때마다 "맘마미아"를 외치며 사람들에게 길을 물었고, 느릿느릿 후진을 했고, 사람들은 의아한 눈으로 우리를 쳐다보고는 어김없이 고개를 저었다.

어찌어찌하여 목적지에 도착했을 때, 택시기사는 애초의 우려가 부끄럽도록 정확하게 공항 시내 구간의 정해진 요금을 불렀다. 그리고 돈을 받으며 물었다. 에어비앤비인가 하는 그거냐고. 내가 고개를 미처 다 끄덕이기도 전에 그는 어이가 없다는 듯 허공을 향해 요란하게 한숨을 쉬고는 서둘러 자리를 떴다.

창밖으로 바다가 보이고 주변으로 쇼핑가가 펼쳐진 호텔방이 쾌적하긴 하지만, 주택가 한가운데 그들의 집에서 그들처럼 살다 가고 싶은 마음을 택시기사는 모르는 것일까? 아니면 그런 생각 자체가 어처구니없다는 것일까? 혹시 그는 창피한 것일까? 쓰레기더미와 악취로 대표되는 도시의 이미지를 또 한 명의 관광객이 확신하고 가게 될까 봐? 며칠을 지내고 나니 택시기사의 역정을 이해할 수 있었다.

가난한 도시를 여행하는 일은 담장도 아닌 창문 너머로 집집마다의 얄궂은 사연들을 목격하게 되는 일이다. 한껏 나온 배를 드러내고 대낮부터 텔레비전을 보는 아버지와 그 앞에 앉아 숙제를 하는 삐쩍 마른 여자아이를 스쳐 지나가야 하는 일이다. 왜인지 침대 매트리스가 한가운데 놓여 있는 부엌에 모여 앉은 네댓 명의 가족들과 눈을 마주치게 되는 일이다. 동네식당에서 점심을 먹고 나오며 기념사진을 찍으러 카메라를 올렸다가 베란다에서 웃통을 벗고 담배를 피우고 있는 청년과 눈이 마주쳐 민망함을 느끼는 일이기도 하고, 보풀이 올라오고 고무줄이 늘어난 팬티와 브래지어를 걸어 놓은 빨랫줄과 그 주인으로 여겨지는 여인들을 수없이 맞닥뜨리면서 미안함으로 카메라를 내리는 일이기도 하다. 마치 스스로가 누군가의 숨기고 싶은 치부를 구경하러 온 사람처럼 느껴져 자책하게 되는 일이다. 그뿐이 아니다.

하는 일 없이 거리에 앉아 있는 남자들과 눈이 마주칠 때면, 어쩌면 그들은 달리 시간을 보낼 방법이 없어 다른 세계에서 온 나를 구경하고 있을 뿐일지도 모르는데, 괜한 긴장과 위협감을 느끼며 가방의 소지품을 확인하게 된다. '저들은 왜 저기에 있는가'까지 주제넘게 회의하고 원망하게 된다. 잔뜩 멋을 내고 올라탄 바닷가 마을행 기차 안에서 썩은 이를 보인 채 입을 벌리고 잠이 든 남자를 한 시간 넘게 마주하게 되고, 내내 생활의 피로와 고단함에 푹 젖은 사람들만을 만나게 되는 통에 떠나온 도시보다도 더 피로한, 일상의 파고를 맞닥뜨린 기분이 된다. 밤마다 동네 청년들의 쉴 새 없는 오토바이 소리와 아이들을 부르는 엄마들의 고함 소리에 잠 못 이루게 된다.

릴라와 레누의 삶을 알고 있으니까, 나폴리 서민들이 착취와 가난과 차별 속에서 어떤 풍파를 맞으며 살아왔는지 알고 있으니까 더 많은 것이 보이겠지, 더 많은 것을 느끼겠지 생각했었다. 그런데 그런 하루의 끝에 서면 자문하게 된다. 나의 여행이 다르기는 한가? 나는 정말 나폴리 사람들처럼 살아 보는 하루를 보냈는가? 에어비앤비 집주인 아주머니와 대화를 나누고, 재래시장에서 장을 보고, 동네사람들 사이에서 값싼 튀김을 사 먹고, 골목길을 수없이 걸어 다녔지만, 나는 어느 때보다도 더 구경꾼 같지 않았는가 하는 생각이 드는 것이다. 삶이란 결국 시간과 함께 구성된다. 어떤 방식의 여행이라도 최소한의 세월을 보내지 않고서 어떻게 살아 봤다고 할 수 있겠는가. 무력감이 살며시 밀려왔다.

남편이 이탈리아 자료를 뒤지다가 찾아낸 맛집 정보에는 소설가 에리 데 루카의 단골집이 있었다. 에리 데 루카는 나폴리 출신의 유명인으로 제일 먼저 떠오르는 인물이다. 그의 소설은 모두 나폴리가 배경인데 이탈리아어와 구별되는 나폴리 사투리를 가장 아름답고 우아하게 쓰는 작가로 평가받는다. 나폴리 서민문화에 애정이 큰 작가가 단골처럼 드나드는 식당이라니, 당장에 찾아가 보지 않을 수 없었다.

식당은 주소를 들고 찾아가지 않으면 들를 일 없을 주택가의 좁은 골목길 끝자락에 별다른 간판도 없이 있었다. 출입문과 창이 불투명하고 굳게 닫혀 있어서 "영업 중"이라는 팻말이 없었으면 돌아갈 뻔했다. 문을 열고 들어가니 테이블 열 개 정도의 작은 홀 한가운데 중년의 주인 아저씨가 전화통화를 하다가 일어나 함박웃음을 짓는다. 홀의 안쪽으로 주방이 이어지는데 아침에 배달되었을 각종 해산물이 쌓여 있고 커다란 솥이 가스불 위에서 끓고 있다. 그 앞에 작고 깡마른 백발의 할머니가 종업원들과 대화를 나누고 있는데 주인 아저씨와 분위기가 닮았다. 한눈에도 어머니와 아들이었다.

메뉴는 단출했다. 파스타와 생선요리, 고기요리, 튀김요리가 각각 다섯 가지 정도였다. 모든 파스타는 5유로, 다른 요리도 10유로를 넘지 않았다. 이탈리아에서도 최고의 식재료가 생산되는 지방이다 보니 앤초비, 토마토, 레몬, 치즈 등 재료를 내세운 음식들이고, 파스타도 라구를 소스로 한 요리가 많았다. 대부분 기본 파스타지만, 그중에서도 눈길을 끄는 이름이 있었다. '파스타와 감자pasta e patate'. 평소 가장 좋아하는 파스타로 감자와 마늘, 페코리노pecorino 치즈를 넣은 제노바식 페스토 링귀네linguine al pesto genovese를 꼽는데, 다른 종류의 감자 파스타라니 궁금해졌다.

우선 문어 샐러드와 오징어, 새우튀김을 먹는다. 대단한 요리법은 없지만 재료의 신선함이 즐겁다. 할머니는 나름의 순서를 정해서 차례차례 요리를 내오셨는데, 식사 속도에 발 맞추기 위해 자주 주방에서 고개를 빼고 테이블을 살폈다. 감자 파스타는 마지막에 나왔다. 펜네penne, 디탈리니ditalini, 짧게 자른 마팔디네mafaldine, 링귀네linguine 등 길이가 짧은 다양한 파스타 면이 뒤섞여 노란 수프 속에서 김을 모락모락 내고 있다. 파스타라기보다는 수프에 가까운, 포크보다는 숟가락으로 먹어야 하는 음식이었다.

진득한 감자수프의 맛을 본다. 깊은 고기육수의 감칠맛이 난다. 두터운 감자의 식감은 금방 사라지지 않고 입안에 남는다. 왠지 가난한 시절, 식구 많은 집에서 겨울을 나며 자주 먹었을 것 같은 투박하고 정다운 맛이다. 그 안에 들어간 각종 파스타들은, 우리로 치자면 '남은 찬밥' 같은 의미일 것이다. 이리저리 해 먹고 찬장에 남은 여분의 파스타들을 모두 모아 한꺼번에 끓여 먹는 요리 같다. 그러나 파스타는 절대 푹 익히지 않는다. 이탈리아의 '알 덴테al dente' 자존심은 짱짱하다.

먹는 속도가 조금씩 빨라진다. 우리 두 외국인은 연신 땀을 닦아 내면서도 몸의 구석구석 퍼져 가는 따뜻함에 숟가락을 놓지 못한다. 문득 DSLR로 찍어야 할까, 하는 생각에 고개를 들지만 그 역시 하찮게 느껴진다. 말없이 카메라를 내려 가방에 정리해 넣는다. 남편과 눈이 마주친다. 말하지 않지만 서로의 눈빛에서 이 순간이 아주 오랫동안 기억될 것임을 깨닫는다.

현지인의 삶을 체험하고 싶었던 나는 봤을까, 진짜 나폴리 사람들을, 그들의 삶을? 내가 경험한 나폴리는 결국 이 맛 하나로 기억될 것 같았다. 감자 파스타는 나폴리 여행 중 먹었던 모든 음식 중에서 유일하게 사진으로 남겨지지 않았지만 여행 전체를 통틀어 가장 인상적인 요리로 남았다. 돌아와서 찾아보니 수프에 가까운 감자 파스타는 나폴리의 대표적인 가정식이었다. 인터넷을 뒤져 레시피를 찾아낸 뒤로 종종 집에서 만들어 먹는다.

나폴리를 방문할 때마다 저녁이면 이 식당에 들른다는 에리데 루카 작가는 이렇게 썼다.

이곳에 들어서면 가스 불 앞의 제피나와 홀의 가운데 앉아 있는 페피노에게 인사를 한다. 나폴리에 이제는 없는 가족적인 환대를 받는다. 프라이팬에서 막 나온 앤초비, 가지, 피망, 문어, 브로콜리 같은 음식에서 나는 계절을 만난다. 식당 안의 웅성거림 속에서 나를 놀리는 단어들이 귀에 들려오고, 나를 맞아 주는 소리가 들린다. 그곳에 앉으면 눈을 감고 있어도 알 수 있다. 내가 나폴리에 있다.

03

식탁의 사회학

첫 영화를 찍을 때부터 나는 식사 장면에 공을 들였다.
식사는 화합과 불화가 함께하는 순간이기 때문이다. 또한 식사는
일종의 감옥과도 같다. 먹는 행위 속에서 각자 자신의 모순과
생존 본능에 갇히게 되니까. 사회적으로도 그렇다. 각 계층을 묘사하고
내부를 들여다보기에 식사 장면은 더할 나위가 없는 것이다.°

/ 영화감독 클로드 샤브롤

°   Antoine de Baecque, "Repas de
Cinéma(영화 속 식사)", *Citrus*(Oct,
2016), p. 118

서민을 위한 요리는 없다

트뤼프나 캐비어 요리를 맛볼 수 있는 프랑스인은 얼마나 될까?
프랑스 서민들은 어떤 음식을 먹을까?
프랑스 친구들에게 물어도 마땅한 답을 듣기 어렵다.

오늘의 메뉴. 로즈마리와 함께 요리한
브르타뉴산 생선요리
장소. 파리 마레 지구의 레스토랑
참석자. 오바마 대통령과 올랑드 대통령

2015년 11월, 세계기후변화 총회로 147개 국가의 정상들이 파리
에 모였을 때의 일이다. 130여 명의 무고한 희생자를 낸 테러가
일어난 지 불과 보름도 지나지 않은 상황. 국가비상사태가 선포
된 파리 곳곳에는 병력이 배치되었고, 하늘엔 끊임없이 헬기가
날아다녔다. 테러리스트들이 적으로 규정한 도시에 147명의 정

상들은 무사히 들어왔다 나갈 수 있을지, 지켜보는 모두가 초긴장하고 있었다. 무사히 한곳에 모여 기념비적인 단체사진까지 찍고 난 그날 저녁, 재밌는 뉴스가 보도되었다. 오바마 대통령이 엘리제궁에서 예정되어 있던 저녁식사를 사양하고, 파리 시내의 중심, 마레 지구에서 외식을 했다는 내용이었다. 그는 파리까지 왔으니 꼭 시내의 식당에서 식사를 하고 싶다고 프랑스 대통령에게 요청했다고 하는데, 본래 테라스석에서 식사를 하겠다는 것을 경호팀이 만류한 끝에 이루어진 일이라고 한다.

어찌 보면 엄청난 비극으로 가족을 잃은 초상집에 단체로 문상을 와서 "이왕 여기까지 왔는데 저는 동네 분위기를 즐기고 싶으니 따로 나가 먹겠습니다" 하는 상황이 아닌가. 게다가 경호팀은 얼마나 식은땀을 흘렸겠는가. 하지만 그 마음 모르는 바 아니다. "주책이야" 소리를 들어도 포기할 수 없는 파리의 낭만을 왜 모르겠는가. 파리의 핵심은 역시 카페와 식당이라는 나의 생각에 오바마 대통령도 동의한 것 같아 매우 흡족한 마음까지 들었다.

오바마 대통령과 두 손 마주잡고 "맞아 맞아" 하며 공감할 수 있다고 해서 내가 그와 같이 파리에서 외식을 즐길 수 있다는 얘기는 물론 아니다. 우리의 심장을 덜컹거리게 만드는 일은 식사 후에 벌어진다. 가격 때문이다. 외식 값이 비싸지 않은 한국에서 온 우리에게는 더욱 그렇다. 미슐랭의 별이 달린 곳은 고사하고 동네의 시끌벅적한 비스트로에서의 가벼운 한 끼라고 해도 그렇다. 두 가지 요리가 포함된 가벼운 코스 메뉴의 가격이 저녁의 경우 최소 40유로로 5만 원이 넘고, 여기에 와인이라도 한두 잔 곁들이면 2인 식사값으로 15만 원 정도는 쓰게 된다. 우리나라에서처럼 '오늘 밥하기 귀찮은데 냉면이나 한 그릇 먹고 올까?' 정도의 마음으로 드나들 수 있는 식당은 중국 레스토랑이나 베트남 레스토랑 정도다. 돈 없는 유학생은 말할 것도 없고, 비교적 안정적인 조건으로 체류할 수 있는 주재원에게도 외식은 부담스럽다.

파리 사람들은 대체 어떻게들 외식하고 사는 것일까? 1인당 10만 원 가까운 가격의 외식을 일상적으로 하고 있는 저들은 누구인가? 도대체 프랑스 사람들은 집에서 무얼 해 먹고 사는가? 우리나라의 경제 수준이 프랑스에 비해 크게 떨어지지 않고, 정규직 기준으로 보자면 프랑스 사람들의 월급 수준이 크게 높지도 않은데, 파리의 식당은 언제나 왁자지껄 손님들로 가득하니 말이다.

잘 알려진 달팽이 요리나 푸아그라, 꼬꼬뱅coq au vin 같은, 그야말로 프랑스에서만 먹을 수 있는 음식을 파는 식당들이 파리의 번화가에는 많다. 하지만 그건 어디까지나 '관광객용' 혹은 '레스토랑용' 음식들이고 집에서 일상적으로 해 먹기에는 얼핏 봐도 어렵다. 캐주얼한 식당의 메뉴를 떠올려 보면 스테이크에 감자튀김 혹은 요즘 유행하는 수제 버거 정도가 다다. 이쯤 되면 누가 프랑스를 미식의 나라라고 했는지 의문이 든다.

그동안 파리에 살면서 만난 한국 친구들은 이런 의문에 "프랑스 서민 요리는 없다"는 결론을 도출했다. 명성만 요란하지 프랑스 요리가 무엇인지 딱 떠오르는 게 없다는 것이다. 이탈리아 사람들은 매일 다른 파스타를 먹는다는데 프랑스 사람들은 매일 무엇을 먹는지 알 수가 없다는 얘기였다.

이런 의문을 이방인인 우리만 품고 있는 것은 아니었다. "서민들이 일상적으로 즐기는 요리는 대체 뭐니?" 질문하면 프랑스 친구들은 그럴듯한 답을 내놓지 못했다. 프랑스 요리문화의 우수성에 대해서라면 얄미울 만큼 우월감을 드러내면서도 서민들의 식생활에 대해서는 의견이 분분했다.

프랑스 서민의 식문화에 대한 질문은 사회의 고질적인 불평등 문제를 들춰내고 이해하는 열쇠가 되었다. 우선, 현재 세계 최고라 극찬받는 프랑스 요리의 대부분이 19세기 부르주아 문화의 산실임을 생각하면 의문의 실마리가 조금 풀린다. 요리를 하는 사람과 즐기는 사람이 구분되어 있던 시절, 재료와 시간을 여유 있게 배당받은 요리사가 개발해 낸 요리들이다.

'전문가'의 영역인 것이다. 19세기 천재 요리사 앙토냉 카렘 Antonin Carême이 창조한 볼로방과 같은 요리들, 폴 보퀴즈 셰프가 1970년대에 발레리 지스카르 데스탕 대통령을 위해 만들었다는 트뤼프 버섯수프와 같은 요리들은 프랑스 음식문화의 정수로 여전히 거론된다. 하지만 이 요리들을 실제로 맛볼 수 있는 사람들은 정작 얼마나 될까? 그 프랑스 요리는 한 끼에 적어도 수십만 원은 지불할 능력이 되는 사람들에게만, 즉 본토에서도 소수에게만 열려 있는 세계다.

요리는 계속 내 곁에 액세서리로 따라다니며 지표의 역할을 해 주는 가성비가 높은 물건이 아니다. 미식의 경험은 문화 체험에 가깝다. 오페라 공연을 일상적으로 즐기지 못하는 이유가 가격의 진입장벽 때문이긴 하지만, 평소에 오페라 공연에 가지 않는 사람이 경제적 여유가 생겼을 때 꼭 오페라를 즐기는 것은 아니다. 그렇다면 파리 사람들은 어떻게 외식하며 사는 걸까, 라는 질문은 그 자체로 잘못일 수 있다. 단순히 구매력의 문제가 아니기 때문이다. 파리의 일반 직장인이 은근 알부자라는 지방의 농장 주인보다 더 경제적 여유가 있어서 매주 유행하는 식당이나 미슐랭 레스토랑을 찾는 것은 아니다. 그보다는 '기꺼이 지불할 만하다'고 여겨지는 가치의 기준이 사람들마다 다르지 않을까? 미식문화가 레스토랑을 중심으로 발달해 특정 지역에서만 섬세하고 창의적인 요리를 경험할 수 있다 보니, 자연스럽게 지식도 편중된다. 돈을 들여 다양한 요리를 맛본 사람은 당연히 많은 요리를 알게 되고, 집에서도 직접 요리를 해 보며 일상으로 즐기게 된다.

주말 아침 파리 곳곳의 재래시장에 가 보면 놀라운 장면을 목격할 수 있다. 유모차를 끌고 나온 젊은 부부들, 맞벌이 직장인들, 먹는 재미를 아는 사람들이 슈퍼마켓보다 신선한 재료를 사려고 10분, 15분씩 줄을 서고 기다리는 광경이다. 이들은 좋아하는 셰프가 낸 요리책을 따라해 보겠다며 정육점 혹은 채소 가게 주인과 특정 요리의 재료에 대해 의견을 나눈다. 감자 퓌레에는 샤를롯charlotte, 라트ratte, 아망딘amandine, 아가타agata 중에서 어떤 감자종이 좋을지, 조엘 로뷔숑 셰프는 어떤 종을 어떻게 쓰는지 대화를 하며 정보를 나누고, 정육점에서 고기를 사면서도 무슨 요리를 할 것인지를 서로 물으며 레시피를 공유한다.

언젠가 프랑스 TV 뉴스를 보던 중이었다. 일반 가정의 식사 장면이 나왔는데 아이들이 파스타 면에 케첩을 뿌려 먹고 있었다. 맛도 영양도 없는 저런 음식을 아이들에게 먹이다니! 기겁하는 내게 옆에 있던 남편은 말했다. "아주 흔한 일이야. 많은 사람들이 일상적으로 스파게티에 케첩, 버터와 에망탈Emmental

치즈만 뿌려 먹어."그 말을 듣고 "너네 미식의 나라라며! 영국도 아니고, 미국도 아니고 프랑스에서 왜?"하고 경악했다.

비슷한 맥락에서 생각나는 장면이 또 있다. 2015년 개봉한 〈아이 엠 어 솔져Je Suis un Soldat〉라는 영화다. 서민 집안 출신의 여주인공이 친척이 하는 사업(개 불법 밀수)에 참여해 갑자기 큰돈을 벌게 됐다. 푸아그라, 생굴을 사와 샴페인을 따고 동생들과 환호하던 시간도 잠시, 집에 들어온 어머니가 못마땅한 표정을 짓는다. "나 오늘 돈 받았어요. 많이요. 우리 함께 파티해요!" 여주인공은 흥에 겨워 어머니에게 설명하지만, 어머니는 식탁 위의 음식들을 한참 훑어보며 말한다. "이걸 다 샀다고?" 그리고는 우리 분수에 맞지 않는다고 꾸짖는다. 구대륙 프랑스 사회에 뼛속 깊이 스며든 계급의식을 단적으로 확인할 수 있는 장면이다.

요리가 예술이 되고 고급문화가 되면 계층에 따른 불평등 현상도 함께 나타나기 마련이다. 어쩌면 자연스러운 일이다. 이 사회에는 "어차피 우리 수준에는 맞지 않아"라는 계급적 체념이 여전히 존재하고 있다. 미식문화는 숙명처럼 누군가에게는 허락되고, 누군가에게는 허락되지 않은 것으로 대물림되고 있다. 프랑스 미식문화의 씁쓸한 구석이다.

그런 문제의식 때문인지, 몇 해 전부터 파리시는 미식문화와 관련한 행사들을 선보이고 있다. 매해 "미식 주간"을 정해 초등학교에서 미식수업을 진행한다. 어떤 환경에서 자라는 누구든지 어릴 때부터 건강한 미감을 가져야 한다는 취지다. 또한 매해 6월에는 며칠 동안 파리 시내 곳곳에 정해진 식당들을 다니며 단돈 2유로로 '작은 한 접시 요리'를 맛볼 수도 있다. 보다 많은 사람들이 레스토랑에서 셰프의 음식을 맛볼 수 있게 하자는 목적이다. 얼마만큼의 효과가 있는지는 모르겠지만, 정부가 미식문화의 보편화에 문제의식을 가지고 있다는 얘기다.

나는 재료의 종류와 품질에는 차이가 있을지언정, 부자든 서민이든 대부분의 국민들이 김치, 된장찌개 등 '같은' 음식을 먹는 사회에서 왔다. 그래서인지 프랑스의 계급화된 미식문화를 자연스럽게 받아들이기가 힘들었고, 조금 더 예민하게 들여다보게 됐다. 그 과정에서 프랑스 사회의 속마음과 모순, 새로운 욕망을 더듬어 볼 수 있었다. 각 나라마다 사회의 단면을 여실히 드러내는 대표적인 문화가 있을 것이다. 내 경우 프랑스는 미식문화가 그 실마리였다.

볼로네제와 생굴

⟨가장 따뜻한 색, 블루⟩에서 아델과 엠마는 각각 볼로네제와
생굴의 세계에 산다. 프랑스 사회에서 선호하는 식재료에 따른
계층적 차이는 이 영화에서처럼 선명하게 존재할까?

아델의 메뉴. 볼로네제 스파게티
장소. 아델의 집
참석자. 아델과 그 가족

엠마의 메뉴. 생굴과 화이트와인
장소. 엠마의 집
참석자. 엠마와 연인 아델, 엠마의 가족

⟨가장 따뜻한 색, 블루⟩라는 영화가 있다. 2013년 칸영화제가
작품에 수상하는 황금종려상을 최초로 두 명의 주연배우에게도
수여했다는 사실, 레즈비언 커플의 현실적인 사랑 이야기와 과
감한 정사 장면을 담은 것으로 유명한 영화다. 내게도 같은 이
유로 강렬한 인상을 남겼지만, 시간이 지날수록 이 영화를 생각

할 때면 볼로네제 스파게티와 생굴의 이미지가 떠오른다.

영화는 주인공인 여고생 아델이 파란색 머리를 한 아티스트 엠마를 만나 사랑을 하고 동성애자로 살아가는 과정을 따라간다. 영화의 앞부분은 아델의 내밀한 욕망이 친구들, 부모님 같은 외부 세계와 충돌하는 과정을 보여 주고, 뒷부분은 두 사람이 연인이 된 후 함께 살면서 일어나는 갈등을 다룬다. 여기에서 아델의 첫사랑은 엠마를 만나면서 시작되지만 두 사람은 같은 과정을 공유할 수 없다. 몇 살이 더 많은 엠마는 이미 동성과의 연애 경험이 있고, 무엇보다 엠마가 사는 세계는 아델의 세계와 많이 다르기 때문이다. 압델라티프 케시시 감독은 그 다름을 식사 장면을 통해 그린다.

아델은 매일같이 볼로네제 스파게티를 먹는 세계에 산다. 토마토와 마늘, 셀러리 등과 분쇄한 소고기를 넣고 오랫동안 졸여 만드는 볼로네제 소스는 커다란 냄비에 다량을 만들어 놓고 몇 끼를 먹을 수 있는 저렴하면서 간단한 음식이다. 아델의 가족은 매번의 식사 장면에서 볼로네제 스파게티를 먹고 있다. 어떤 장면에서는 다 함께 모여 게걸스럽다 할 정도로 흡입하듯 먹고, 때로는 대화 없는 식사를 하다가 입을 벌리고 텔레비전에 정신을 놓는 모습을 보이기도 한다. 이들에게 있어 식사의 목적은 허기 채우기 이상으로 보이지 않는다.

엠마의 세계에서 식사는 의미가 좀 다르다. 아델이 처음 엠마의 집을 방문했을 때, 엠마의 부모님은 식탁에 화이트와인과 생굴을 낸다. 식탁 위에서도 이들은 생굴의 식감과 와인의 향, 먹는 방식에 대해 진지하게 이야기를 나눈다. 이들에게 식사는 대화의 즐거운 매개체인 듯 보인다.

영화 속 볼로네제 스파게티의 세계는 위의 만족을 위한 세계고, 질보다는 양의 세계며, 생계를 위한 노동이 축복받는 세계고, 무엇보다 동성애는 감히 화제로 삼을 수도 없는 세계다. 반면 영화 속 생굴의 세계는 내장의 부름 따위는 하찮게 여겨지는 세계고, 예술과 철학이 중요한 세계며, 생계보다는 개인의 적성과 행복을 이야기하는 세계고, 무엇보다 아티스트이면서 동성애자인 구성원이 있는 그대로 존중받는 세계다.

연인이 된 아델과 엠마가 서로의 집을 방문해 저녁식사를 하는 장면은 상반된 분위기로 나란히 배치되어 두 사람의 '다른 세계'를 비교할 수밖에 없도록 만든다. 영화는 계속 엠마에게서 찾아볼 수 없는 집요한 식탐을 아델의 세계에서 보여 주며 두 사람 간의 계층 차이를 드러내려고 한다. 예를 들어, 아델은 과자와 초콜릿 같은 군것질거리를 늘 곁에 두고 심지어 한밤중에 자다가도 그것들을 먹는다.

두 사람이 가까워지기 시작한 뒤 서로를 탐색하는 대화에서도 먹는 이야기가 빠지지 않는다. 서로 가장 좋아하는 음식을 이야기할 때, 생굴을 이야기하는 엠마에게 아델은 소시지와 생햄은 온종일 먹을 수 있을 정도로 좋아하지만, 해산물은 좋아하지 않는다고 말한다. 특히 생굴은 식감부터 싫다면서.

이런 장면의 의도는 뒤로하고, 우선 아주 현실적이고 단순한 질문을 던져 본다. 과연 볼로네제와 생굴은 사회적 계층을 대표할 만큼 상징적인가? 해산물을 선호하면 세련되고 고급스럽고, 육류를 좋아하면 촌스럽고 서민적이라는 구분이 실제 프랑스 사회에 존재할까?

개인적인 경험에 비추어 보면 프랑스 남부 출신의 친구들은 샐러드와 과일, 올리브유, 생선을 즐겼고, 북부 출신의 친구들은 고기요리와 버터, 빵류를 일상적으로 즐겼다. 하지만 계층적인 특징은 크게 느껴 본 적이 없었다. 나도 어느 한 계층에 속해 있을 테고, 주변 사람들이 비슷한 부류여서 그렇겠다는 생각도 든다. 한편으로는 과연 지금과 같은 대형 유통의 시대에도 그런 차이가 존재할까 하는 의심이 든다. 지방의 시골 사람들도 도시와 같은 체인 마트에서 장을 보는 시대이므로 사람들은 계층을 떠나 개인적 취향에 따라 소비하고 있지 않을까? 생굴과 볼로네제 스파게티를 모두 일상적으로 먹고 사는 나로서는 왠지 영화 속 구분이 억지스럽게 여겨졌다.

2013년 프랑스 농림부에서는 〈식재료에 따른 계층 간 다양성〉이라는 자료°를 발표했다. 결론부터 말하자면, 나의 짐작과는 달리 사회적 계층 간 식성의 차이는 분명 존재한다. 생선의 경우, 계층에 따라 소비량이 많이 달랐다. 최저소득층(월 900유로 이하의 소득) 가운데 지난 15일 동안 한 주에 최소 두 번의 생선을 소비했다고 대답한 사람은 39퍼센트에 지나지 않았으나, 소득수준이 그 두 배인 집단에서는 52퍼센트의 사람들이 그렇다고 답했다. 또한 최저소득층은 전통적으로 가난한 자들의 음식이었던 감자를 여전히 과소비하고 있었다.

계층별 식생활이 고정적이기만 한 것은 아니다. 이 조사는 계층별 식성이 존재는 하지만 시대에 따라 변화하고 있다는 흥미로운 결론을 내리고 있다. 단적으로, 오랫동안 부의 상징이었던 '고기반찬'은 이제 저소득층에서 소비가 더 많아졌다. 다만 그 안에서 구분해 보자면 저소득층으로 갈수록 소고기와 돼지고기, 소시지와 햄의 소비가 많고, 고소득층으로 갈수록 양고기와 닭고기의 소비가 많았다. 반대로, 저소득층의 취향이 고소득층으로 옮겨간 예도 있다. 20세기 초반부터 노동자의

°   Ministère de l'Agriculture de l'Agroalimentaire et de la Forêt, "Les Différence des Sociales en Matière d'Alimentation(식재료에 따른 계층 간 다양성)," *Centre d'Etudes et de Prospective*(Oct, 2013)

친구였던 와인은 이제 상류층에서 더 즐기는 음료가 되었다. 2007년의 조사°를 보면 주중에도 와인을 자주 마신다고 대답한 사람들이 관리직과 전문직에서는 61퍼센트에 달하는 반면, 육체 노동자층에서는 46퍼센트에 그쳤다. 저소득층은 이제 맥주를 마신다. 또한 저소득층의 문화였던 패스트푸드의 대명사 햄버거는 현재 티에리 막스Thierry Marx와 같은 셰프들의 재해석으로 푸아그라, 벨로타 잠봉jambon bellota 등이 쓰인 고급 요리로 탈바꿈됐다.

한편으로 이 조사의 결과가 구매력에 따른 어쩔 수 없는 식생활의 차이가 아닌지 의문도 든다. 본래는 캐비어와 샴페인을 사랑하지만 너무 비싸다 보니 어쩌다 한번 먹게 되는 것을 두고 그 사람의 취향이 아니라고는 할 수 없지 않은가? 하지만 과일, 채소의 경우 실제 가격이 비싸지 않음에도 저소득층의 소비가 적었다. '못' 먹는 게 아니고 '안' 먹는 상황인 것이다. 어쩌면 영화 속 아델처럼 저소득층 중에는 낯선 것에서 느끼는 무의식적인 거부감 때문에 생굴이나 과일, 그리고 채소를 싫어한다고, 그게 본인의 취향이라고 정리한 이들이 있을 수 있다. 먹는 일 자체에 크게 의미를 두지 않고 그럴 경제적 시간적 여유도, 취

° "Le Vin, un Produit à Risques qui s'Embourgeoise(와인, 부르주아화되는 위험한 식품)," *Consommation et Modes de Vie*(Nov, 2008)

미도 없다는 이유로 말이다. 그러니 애초의 의문, 〈가장 따뜻한 색, 블루〉 속 볼로네제와 생굴의 구별 짓기도 많은 부분 현실적인 도식인 셈이다.

프랑스의 사회학자 피에르 부르디외는 《구별 짓기》에서 입맛의 차이는 자신이 속한 사회적 계층에 따라 만들어진다고 설명한다.° 소득수준에 따라 다양하게 도출되는 앵겔지수는 단편만 보여 줄 뿐이고, 그보다는 "취향을 만들어 낸 사회적 환경, 어린 시절부터 경제력이 있는 사회인이 되기까지의 환경을 종합적으로 이해해야 한다"고 주장한다. 그는 그렇게 달라지는 계급 간 취향의 차이를 "사치스러운(혹은 자유로운) 취향"과 "필요의 취향"으로 구분하는데, 서민 계급에게는 필요와 실용성이 취향을 결정짓는 중요한 기준이 되고 상류층은 이런 기준에서 자유롭다는 것이다. 또한 그는 중간계층은 계속적으로 상류층의 취향을 닮기 위해 노력하고, 상류층은 다른 계층과 구별되기 위해 애쓴다고 설명한다. 한 예로 그는 가격과 희귀성으로 한동안 상류층의 과일이었던 파인애플이 어디에서나 살 수 있는 흔한 과일이 되자, 그 자리를 파파야가 대체한 현상을 든다. 한동안 서민들은 비싸서 못 먹던 유기농 상품들이 슈퍼마켓에 흔해지

°   Pierre Bourdieu, *La Distinction*, Les Editions de Minuit, 1979, p.198

자, 그 자리를 '글루텐 프리'와 같은 제품들이 대체하고 있는 현상도 이에 속할 것이다.

얼마 전 일본 라면집에서였다. 옆자리의 여성이 채식라면을 주문했다. 일본 라면집에서 채식이라니! 라면의 정수는 진하게 우려낸 돼지육수에 있지 않나, 생각하고 있었는데 더 놀라운 일을 목격했다. 서빙된 채식라면을 한참 들여다보던 그 여성이 다시 종업원을 호출해 이렇게 말했기 때문이다.

"여기에 있는 토마토는 겨울에 파리에서 재배하는 채소가 아닌데요? 전 말씀드렸던 대로 제철 로컬 채소가 아니면 먹지 않습니다. 이거 빼고 다시 가져다주세요."

어리둥절하게 바라만 보고 있는 친구에게 그 여성은 이런 고집이 건강과 환경에 얼마나 중요한지를 설명하기 시작했다. 나로서는 참 유난스럽다 싶었지만, 한편으로 식탁 위에 등장하기 시작한 '도덕적 올바름'에 대해 생각하는 계기가 됐다. 이 또한 부르디외의 계층 간 '구별 짓기'에 해당할 수 있을지는 모르겠다. 다만, 식사를 통해 혀의 즐거움을 넘어서서 지적, 정서적 가치까지 실현하려는 태도임은 분명하다. 라면 한 그릇에 뒤죽박죽 들어 있는 수많은 채소들 속에서도 무엇이 제철인지 무엇이 냉동인지, 무엇이 프랑스에서 재배되었는지 혹은 아닌지를 꿰뚫어 분류할 수 있을 정도의 관심과 노력이라면, 설령 그것이 구별 짓기 현상에 해당한다 해도 존경받아 마땅하지 않을까.

〈가장 따뜻한 색, 블루〉에서 아델은 결국 엠마의 세계에 섞이지 못하고 튕겨 나간다. 화려하게 빛나지만 위선적이기도 한 엠마의 세계와 소박하고 솔직한 아델의 세계, 이 두 세계의 차이는 계층에서 비롯된 것으로 보인다. 감독이 궁극적으로 가리키고 있는 것이 두 사람의 사랑이 아닐 수 있겠다는 생각이 드는 지점이다. 감독은 사회의 얼굴을 그려 내고 싶었던 게 아닐까. 생굴을 먹고 샴페인을 마시는 일이 누구에게나 허락된 일인 양 이야기하는 동시에 너도 하고 싶은 일을 하고 동성이든 이성이든 마음 가는 대로 사랑하며 살지 그러니, 하며 위선의 미소를 짓고 있는 얼굴을. 누구나 알고 있는 냉혹하고 야만적인 논리는 모른 척 감추고 아름답게 웃고 있는 그 얄미운 얼굴을 들추고 싶었던 게 아닐까.

가난한 연인의 식탁

프랑스에서도 불경기 대비 요리책이 인기를 끌었다.
덕분에 우리의 식탁은 풍성해졌고,
불경기의 위기는 서서히 잦아들었다.

오늘의 메뉴. 소고기 당근찜
장소. 파리 12구의 우리 집
참석자. 남편과 나

돈이 없으면 먹고 싶은 게 더 많아지고 더 자주 배가 고프다. 가난을 경험해 본 사람은 다 아는 서러운 법칙이다. 가끔 거실 책장의 요리책 칸 앞에 서서 어려운 시절을 함께한 동료들처럼 괜히 고맙고 애틋한 마음이 드는 책들을 마주 본다. 《싼값으로 누리는 즐거움: 하루에 9유로 이하로 즐기는 맛있는 가족식사》,

《10유로면 충분한 셰프의 40가지 메뉴》라는 제목의 책들이다. 이 두 요리책의 저자 장피에르 코프Jean-Pierre Coffe와 이브 캉드보르드는 프랑스 최고의 인기 셰프들이다. 유럽 재정위기가 본격적으로 시작되던 2010년 즈음, 이른바 불경기를 견뎌 내는 필살기 요리법을 소개하는 책들이 속속들이 출간되었고, 실제로 우리 부부는 그 덕분으로 지독한 위기 속에서도 괜찮은 순간들을 만들 수 있었다.

남편보다 내게 특히 여러 가지 변화가 한꺼번에 일어난 시기였다. 20대에서 30대로 넘어가는 시점이었고, 학생에서 직장인으로 변신해야 하는 문턱이었다. 연애생활을 끝내고 결혼생활을 시작한 시기이기도 했다. 그러니까 이제는 온전히 어른이 되어야 했던, 바로 그런 때였다.

스무 살 무렵부터 이제 우리 앞에는 영화를 만드는 인생이 펼쳐지겠지, 당연하게 생각했었다. 오슨 웰스와 고다르, 구스 반 산트와 미카엘 하네케의 세계가 세상의 전부였던 젊은 영화 전공자 부부 앞에 인생의 중요한 결정을 내려야 하는 순간이 당도해 있었다. 그동안 살아온 세계를 환상이었다고 여기고 허물어 버릴지, 그것을 현실로 만드는 불확실한 길을 걸을지 결정해야 했다.

우리는 아직 독립하지 못한 학생들이었고, 부모님의 도움을 받으며 아르바이트를 병행하고 있었는데, 결혼과 함께 적어도 한 명은 본격적인 돈벌이를 해야 했다. 누가 먼저 새로운 세계로 나아갈 것인지에 대한 답은 적어도 내게는 의심할 여지가 없었다. 내내 같은 학교를 다녔던 남편은 늘 최고 점수를 받는 학생이었고, 그가 공부를 계속할 것임은 모두에게 당연했으니 말이다. 나의 재능에 대해서는 아무도 이야기하진 않았지만 스스로 잘 알고 있었다. 정말 공부에 재능 있는 자를 가까이에서 지켜보았기 때문에 더 빨리 깨달을 수 있었는지도 모른다. 진짜 공부는 철학서를 읽고 이해하는 데 그치지 않고 거기에서 자기 논리를 만들고 관점을 세우는 데 있었는데, 나는 책을 이해하는 것으로도 늘 벅찼다. 무엇보다 더 나아가면 공부를 더 이상 즐기지 못할 것 같았다. 남편은 공부를 계속하는 것이 맞았고, 그렇다면 문을 열고 나가 새로운 세계를 구축해야 하는 사람은 나였다.

사실은 아침저녁 출퇴근하는 직장인들에 묘한 동경을 품고 있었다. 손에 잡히지 않는 관념과 논리를 가지고 연구하고 토론하며 많은 시간을 보내는 우리의 일이 갑갑하게 느껴질 때면, 단단하게 현실에 발붙이고 사는 직장인들의 삶이 좋아 보였다. 구체적인 실재의 힘, 현실의 세계를 조금이라도 바꾸어 나가는 역동성을 선망했다. 하지만 그 또한 또 다른 관념과 이상이었을

뿐임을 깨닫는 데는 오랜 시간이 걸리지 않았다.

본격적인 밥벌이를 위해 발 딛은 사회는 그야말로 눈보라가 몰아치는 냉혹한 세계였다. 학생시절 이런저런 아르바이트를 하면서 느꼈던 고단함은 낭만적인 수준이었다. 사람들이 기꺼이 돈을 꺼내어 맞바꾸어 줄 만한 현실적인 경쟁력을 갖추지 못한 영화 전공자에게는 더욱 그랬다. 말 그대로 세상이 달라 보이기 시작했고, 순식간에 세상의 많은 것이 이해되는 기분도 들었다. 내게는 신성함 그 자체인 구스 반 산트의 영화 앞에서 코를 골아 나를 뜨악하게 만들던 회사원 친구도, 주말과 명절에는 소파와 한 몸이 되어 리모컨 조정만 하고 있던 삼촌과 이모 들도, 신파적인 음악과 함께 묘사되던 드라마 속 가장들의 무거운 어깨도, 심지어 거리에 나앉아 구걸을 하고 있는 사람들의 사정도 어느 날 갑자기 달라 보였다. 별 다른 설명 없이 이젠 그냥 다 이해할 수 있을 것 같은, 이상한 연대감이 생겨났다. 복잡하게만 보이는 이 세상은 사실 먹고 사는 일, 밥벌이의 숙명 속에서 너무나 단순하게 돌아가고 있다는 진실을 마주하게 된 것이다.

시각장애인이 눈을 뜨면 그런 기분일까? 서른 살의 엄청난 깨달음이었다. 세상은 2차 대전 이후 탄생한 미학적 모더니즘을 몰라도, 기호학과 현상학의 차이를 이해하지 못해도 아무 상관이 없었다. 간단하고 또 명확한 세상의 이치, 남들은 스무 살에도 깨닫는 단순한 원리를 왜 나는 이제야 깨달았을까, 창피하기도 했고 후회도 됐다.

돌아보면 그 시기에 나를 지탱했던 힘은 글쓰기와 영화 그리고 남편과의 식사에서 비롯되었다. 그 시절 우리, 가난했던 연인은 식탁 위에서 나름의 재미와 낭만을 찾아내고 있었다. 남편이 요리를 워낙 즐기기도 했고, 무엇보다 식사 시간은 하루의 일을 다 털어 버리고 서로를 위로할 수 있는 유일한 시간이었다. 자연스럽게 그 공동의 시간으로 우리의 하루는 온통 집중되었다.

우리는 가난했지만 우리의 식탁은 그럼에도 풍성했다. '불경기 요리법'을 소개하고 나섰던 두 명의 셰프 덕분이었다. 책 속에 소개된 요리들은 대부분 프랑스 전통요리로, 본래대로라면 다양하고 값비싼 재료와 섬세한 요리법이 요구되었다. 하지만 그들의 책은 이를 저렴한 재료와 단순한 조리법으로 대체해서 소개하고 있었다. 우리는 한 주에 몇 번씩 10유로를 넘지 않는다는 나름의 미션을 걸고 책 속의 다양한 요리들에 도전하고 평가했다.

그때 자주 해 먹었던 요리 중 하나가 소고기 당근찜이다. 소고기 중에서 비교적 저렴한 대접살, 목살 등의 부위를 겉만 살짝 구운 뒤, 양념한 당근과 마늘, 양파 등 채소와 육수를 함께 오븐에 넣어 두 시간여 동안 졸여 먹는 방식이다. 이런 요리를 제대로 하자면 전날 밤부터 각종 채소를 넣고 소고기육수를 만들어야 하겠고, 고기를 와인과 채소에 재워 하룻밤은 두어야 하겠지만, 책은 소스의 주재료가 되는 육수를 시판되는 육수 큐브로 보조하도록 안내하고 있었다.

무엇보다 이 레시피의 특징은 1킬로그램이나 넣도록 한 당근에 있었다. 우선은 당근에서 우러나오는 자연적인 달콤함이 고기와 육수에 스며들도록 해서 감칠맛을 낸다. 이렇게 채소를 함께 조리하면 따로 사이드 메뉴를 준비하지 않아도 되기 때문에 시간과 돈의 절감 효과까지 생긴다.

그 후로 유럽의 재정위기는 지금까지 지속되고 있고, 우리 부부의 위기도 완전히 사라지지는 않았다. 어쩌면 내내 우리의 삶과 함께할지 모른다. 다만 유로화의 환율이 평소의 두 배까지 치솟던 위기가 서서히 완화되었듯 우리도 우리 앞의 고비를 서서히 넘어섰다. 얼마 후 방송사에서 국제뉴스를 제작하는 일에 합류하게 되면서 나의 노동환경도 개선되었다. 감정노동은 줄어들었고, 밤에 누워 나도 모르게 눈물을 흘리는 일도 없어졌다. 그래도 그 시절을 생각하면 지금도 마음 한편이 어두워진다. 거리로 뛰쳐나가 다들 어떻게 지내고 계시냐고, 수치로만 계산되는 냉혹한 짐을 등에 지고 다들 어떻게 살아오셨냐고 누구라도 붙잡고 묻고 싶었던, 그 참담했던 마음의 상처가 여전히 남아 있다.

그 시절의 우리 두 사람을 생각하면 슬며시 미소가 떠오른다. 요령 없고 서툴고 우둔한 두 사람이 머리를 맞대고 앉아 답이 나올 리 없는 문제를 고민하고, 서로를 위로하며, 그럼에도 밥은 맛있게 먹어야 한다면서 부지런히 움직이던 시간. 심각한 표정으로 상대가 좋아하는 음식을 골라 주려고 요리책을 뒤적이고, 재래시장을 돌아다니며 가격을 비교하고, 와인을 한 병 살까 과일을 살까 티격태격하던 시간. 가난했지만 다정했던 시간. 비록 수북한 당근에 값싼 소고기 한 덩어리였을 뿐이지만, 소박한 재료가 주는 달콤함과 향긋함에서 우리는 거친 하루를 위로받으며 지금보다 더 나은 미래를 꿈꿨다. 이제는 다시 오지 않을 풋풋하고 행복한 시간이다.

아무리 냉혹하고 난폭한 세상이 저 밖에 펼쳐지고 있다 해도, 사려 깊고 따뜻한 식탁이 있다면 그래도 최악은 아니다. 식탁의 온기로 원래의 모습을 회복하고 나면 우리는 그 누구보다 우아한 발걸음으로 또 하루를 함께 나아갈 수 있으니까.

프렌치프라이가
프리덤 프라이가 된 이유

2000년대 들어 프랑스는 몇 가지 외교 문제에 부딪혔다.
그 결과 미국을 중심으로 '프렌치 배싱'이라는
안티 프랑스 현상이 확산되었다.

오늘의 메뉴. 스코틀랜드 전통음식 해기스
장소. 국제회의 만찬장
참석자. 자크 시라크 프랑스 대통령과
G8 국가정상들

2005년 7월, 세계 각국의 대표가 싱가포르에 모였다. 2012년
올림픽 개최국 선정을 위해서였다. 유력한 후보인 프랑스 파
리와 영국 런던의 치열한 로비 경쟁이 이어졌다. 이미 프랑스
와 영국은 유럽연합 문제를 놓고 껄끄러운 관계에 놓여 있었고
올림픽 개최에 있어서는 파리 쪽이 우세인 듯했다. 하지만 당

시 런던올림픽 조직위원장이었던 영국인 육상선수 세바스찬 코 Sebastian Coe의 증언에 따르면 승패에 영향을 미친 결정적인 사건은 아주 엉뚱한 곳에서 일어났다고 한다.[○]

사연은 이렇다. 그로부터 3일 전, 스코틀랜드에서 있었던 G8 회의에서 자크 시라크 대통령은 스코틀랜드 전통음식인 해기스haggis를 먹게 됐다. 아무리 공적인 자리라도 도무지 입맛에 맞지 않는 이웃 나라의 요리 앞에서 유난한 미식가 대통령은 견디기 힘들었나 보다. 참지 못하고 옆자리에 앉아 있던 러시아 대통령 푸틴과 독일 총리 슈뢰더에게 이렇게 말했다고 한다.

"요리를 이렇게밖에 못하는 사람들에게 어떻게 (올림픽을) 믿고 맡길 수가 있을까요? 영국은 핀란드 다음으로 형편없는 요리를 먹는 사람들이란 말이죠."

이 재미난 상황을 호사가들이 놓칠 리 없었고, 영국의 총리 부부 또한 절호의 기회를 놓치지 않았다. 여기서부터가 세바스찬 코의 목격담이다. 싱가포르에서 시라크를 만난 셰리 블레어는 사람들이 보는 앞에서 이 일에 대해 강력히 항의했다. 당황한 시라크는 "사람들의 이야기를 곧이곧대로 믿으시면 안 됩니다"라며 수습하려 했지만 해결은 불가능한 상황이었다. 프랑스

○   AFP, "Jacques Chirac, Cherie Blair et les JO(자크 시라크, 셰리 블레어 그리고 올림픽)," *Le Figaro*(Oct 29, 2012)

와 영국 언론에 이미 퍼져 나간 뉴스였고, 무엇보다 소문은 사실이었으니까.

　프랑스 국내에서 재선 정권의 말미에 있던 시라크 대통령에게는 현장의 낯 뜨거움을 감수할 만한 정치적 욕망이 더 이상 남아 있지 않았던 것 같다. 그는 서둘러 싱가포르를 떠났다. 덕분에 팽팽한 로비 경쟁의 마지막 하루는 영국이 독점할 수 있었고, 2012년 올림픽은 런던의 차지가 되었다. 참고로 개최지 투표에는 총 100명이 참여했고, 그중엔 두 명의 핀란드인이 있었다. 런던은 54표를, 파리는 50표를 얻었다. 2012년 올림픽은 파리 개최가 분명하다고 믿고 미리부터 축제 분위기였던 프랑스는 예상을 뒤엎는 결과에 아연실색했다. 파리시는 이제 다음 올림픽 개최를 목표로 삼아야 했다. 아무리 아름다움과 실력을 갖추었다 하더라도 스스로가 이를 너무 앞세우다 보면 주변의 얄미움을 사는 법이다. 수없이 많은 예찬을 받은 프랑스 요리라고 해도 예외는 아니었다. 나르시시즘이 국경을 넘어 타문화에 대한 참견으로 확장되자 주변 국가들의 인내심도 한계에 이르렀고 프랑스는 대가를 치러야 했다.

　2000년 이후로 영미권을 중심으로 강도 높게 나타나는 프렌치 배싱French Bashing, 즉 안티 프랑스 현상도 비슷한 맥락으로 볼 수 있겠다. '질투 아니겠어?' 하는 도도함으로 주변 국가의 어떤 비난도 대수롭지 않게 여기던 프랑스였지만, 해외의 도끼눈이 10년 넘게 지속되자 이제야 신경이 쓰였는지 최근 몇 년 동안 프랑스 시사 주간지의 1면은 프렌치 배싱의 원인과 심각성이 차지할 때가 많았다. 2015년 9월에 TV 채널 카날 플뤼스에서는 〈프렌치 배싱!〉이라는 특집 다큐멘터리를 방영하기도 했다.

언론은 프렌치 배싱의 시작을 2003년 즈음으로 분석한다. 다시 한번 시라크 대통령이 중요한 역할을 한다. 시라크는 2001년 9.11 테러 직후 누구보다 서둘러 미국을 방문하며 우호 관계를 확고히 했지만 2003년 미국이 이라크 침공 계획을 발표하자 반대 입장을 밝혔다. 미국의 이라크 침공을 위한 유엔 안보리 결의안에 프랑스는 반대표를 던졌고 파병을 거부했다. 부시 주니어 대통령을 비롯해 이라크 침공을 지지하는 미국인들은 이에 격노했고, 프랑스는 하루아침에 우방국에서 적국이 됐다. 미국의 정치인들은 시사 프로그램에 출연해 2차 대전에서 독일 나치에 초토화될 뻔한 것을 구해 줬더니 배은망덕하다며 배신자 프랑스를 비난했다. 와인과 치즈 등 프랑스산 제품에 대한 불매운동도 일어났다. 자동차 운전자들이 "이라크를 먼저 치고, 프랑스를 치자First Iraq. Then France!"라고 적힌 스티커를 차에 붙이고 다녔고°, 2003년 미국 국회 구내식당에서는 공화당 의원들이 프렌치프라이french fries를 프리덤 프라이 freedom fries로 바꿔 불렀다고 한다.°°

영향은 영화와 TV에까지 미쳤다. 다큐멘터리 〈프렌치 배싱!〉에서 뉴욕대 영화과 교수 톰 숀Tom Shone은 "놀라운 우연처럼, 두 나라의 관계가 나빠지자마자 미국 영화에는 나쁜 프랑스인들이 등장하기 시작했다"고 말한다. 영화 〈매트릭스〉 2편과 3편에서 악역을 맡은 프랑스 배우 랑베르 월슨은 "I love french wine, I love french language……"라고 중얼거리며 오만한 표정으로 와인잔을 빙글빙글 돌려 댔고, 영화 〈오션스 12〉와 〈오션스 13〉의 악역은 프랑스 배우인 뱅상 카셀의 차지가 되었다. 2008년 '007 시리즈'의 악역 또한 프랑스의 연기파 배우 마티유 아말릭이 맡았고, 마리옹 코티아르는 〈배트맨〉의 새로운 악역을 맡아 극중에서 우스꽝스러운 죽음을 맞았다. 영화뿐 아니다. 캡슐 커피 브랜드 네스프레소의 광고 'What Else 시리즈'에서는 천상천하 매력남 조지 클루니에게 경쟁 상대가 등장하는데, 바로 프랑스의 천만 배우 장 뒤자르댕이었다. 광고 속

°   Mark Matthews, "U.S. Backs Away from Vow to Punish France over Iraq(미국이 이라크 문제를 두고 프랑스를 압박하겠다는 맹세를 철회한다)," *Baltimore Sun*(May 9, 2003)

°°   "Etats-Unis: le 'French Bashing', Diversion Favorite des Républicains en Campagne(프렌치 배싱: 미국 대선에서 공화당이 좋아하는 교란 전술)," *L'Express*(Oct 30, 2015)

남자는 건방지고 무례하기 짝이 없는데 늘 조지 클루니를 골탕 먹이고 미녀들을 독차지한다. 이 영화와 광고 속 프랑스 배우들은 모두 악센트 강한 영어를 구사하며 진한 '프렌치'의 향기를 뿜어 댔다.

이쯤 되면 의문이 생긴다. 전쟁에 반대했다는 이유로 이렇게 오랫동안, 집요하게 미움을 받는다는 말인가. 비단 프랑스만 이라크 전쟁에 반대하지는 않았고, 독일과 러시아도 있었는데? 미국도 정권이 바뀐 지 오래고, 전쟁에 대한 다양한 평가와 반성이 쏟아지고 있는데? 이에 대해 2003년 유엔에서 프랑스 대표로 연설을 했던 도미니크 드 빌팽 총리의 오만한 태도가 문제였다는 분석도 있지만 더 본질적인 원인은 두 문화권 사이의 오랜 애증관계에서 찾아야 할 것 같다. 한쪽에서는 '잘난 척하는 스노브들과 불온한 사회주의의 온상'으로, 한쪽에서는 '교양 없고 경박한 자본주의의 제국'으로 서로를 비난해 왔던 두 대륙이 아닌가.

이제는 영미권 내에서도 프랑스와 같은 사회 안전망과 기회의 평등을 외치는 목소리가 높아졌고, 프랑스 내에서도 경제자유주의를 지지하는 목소리가 높아졌다. 프랑스의 경우, 식탁에까지 미국의 영향이 미치고 있다. 최근 프랑스 공영방송 '프랑스 2'에서는 1980년대 정크푸드의 상징으로 프랑스에서 천대받던 햄버거가 '바게트 햄 샌드위치'보다 더 인기 있는 메뉴가 되었다는 리포트°가 방송됐다. 현재 프랑스 전역 85퍼센트의 레스토랑 메뉴에 버거가 포함됐고, 이는 작년에 비해서도 9퍼센트가 증가한 비율이라고 한다. 대중 레스토랑뿐 아니라 고급 식당에서도 고급 재료가 들어간 수제 버거를 만들어 내놓기 시작했고, 오바마 대통령이 가장 좋아하는 햄버거 브랜드라는 파이브 가이스Five Guys가 파리에서 개업했을 땐 30분 이상 줄을 서야 먹을 수 있을 정도의 돌풍을 일으켰다.

　타국의 음식에는 눈 하나 깜짝하지 않을 것 같던 구대륙의 급작스러운 변화는 입맛보다는 가치관에 이유가 있다. 역동적인 영미권 문화를 동경하는 젊은 세대가 늘고 있고, 프랑스 미식문화의 모순을 패스트푸드의 장점으로 돌파하고자 하는 요식업계와 소비자의 욕구도 있다. 〈미슐랭 가이드〉와 〈르 푸딩〉의 대립 구도처럼, 오랫동안 서양요리의 정점으로 화려하게 군림해 왔지만 프랑스 미식문화의 어떤 지점은 우리 시대와 불화하고 있는 것이다.

° 　"Consommation: le Jambon-Beurre Détrôné par le Burger(소비: 햄버거가 바게트 햄 샌드위치의 자리를 빼앗다)," *France 2*(Mar 20, 2018)

완벽한 여성의 식탁

인기 블로거 미미 토리송을 보는 나의 마음은 복잡하다.
그 블로그에 방문할 때마다
자괴감, 부러움, 죄책감, 동경심이 한꺼번에 몰려온다.

오늘의 메뉴. 구운 대구와 아몬드를
곁들인 아티초크 퓌레
장소. 메독 지방의 햇살 가득한 정원
참석자. 미미 토리송의 친구들과
세 명의 아이들 그리고 배 속의 아기

프랑스의 서남부, 포도주로 유명한 메독 지방에 높은 천장, 벽
난로, 시간의 흔적이 멋스럽게 밴 나무 식탁이 있는 집이 있다.
널찍한 부엌의 창 너머로 마당에서 뛰어노는 아이들과 개들이
보이고, 그 뒤로는 숲이 이어진다. 휴일이면 초등학생 정도로
보이는 세 명의 아이들이 따뜻한 햇볕 아래 금발 머리를 빛내며

과일을 따거나 텃밭을 살피고, 아이들의 엄마는 아이들이 따 온 보라색 무화과를 4등분으로 잘라 커다란 나무 도마 위에 보기 좋게 늘어놓고 타르트를 만든다. 나무 식탁 위에는 셀러리와 당근 무더기, 보랏빛 마늘 더미와 초록색 케일 같은 싱싱한 채소들이 사시사철 놓여 있다. 정원에서 갓 잘라온 노란색 장미 한 다발과 아티초크 한 바구니가 놓일 때도 있다. 놋쇠 냄비와 은식기, 세월에 이가 나간 리모주Limoges 접시와 커다란 촛대까지 보고 있노라면 프랑스 시골에 대한 판타지를 이보다 더 잘 구현할 수는 없다는 생각이 든다. 미미 토리송Mimi Thorisson의 블로그(mimithorisson.com) 이야기다.

이 블로그는 "먹다"라는 뜻의 프랑스어, "망제Manger"라는 제목으로, 토리송 가족의 시골 미식생활을 보여 준다. 몇 해 전, 프랑스 요리를 검색하다가 우연히 발견했는데, 처음엔 잡지 화보를 모아 놓은 사이트인 줄 알았다. 블로그 속 사진의 색감과 구도가 전문가 수준이었고, 무엇보다 일상적으로 벌어지는 장면이라고 도무지 믿을 수 없었기 때문이다. 사진들 사이사이에는 미미 토리송이 영어로 쓴 일상 이야기가 있다. 주변 이웃들과 친구들을 초대해서 식사한 이야기, 아이들과 정원에서 꽃을 가꾸고 재래시장에 가서 보내는 휴일 이야기를 그날 식탁의 레시피와 함께 소개하고 있다. 사람들은 하나같이 행복한 웃음을 짓고 있고, 그 안에서는 대강 널려 있는 행주마저도 아름답다. 그야말로 프랑스식 식탁이라는 제목으로 영화를 찍는다면 나올 만한 장면들이다.

알고 보니 남편이 사진작가라고 한다. 완성도에 수긍이 간다. 하지만 이 모두가 일상인 삶이 과연 가능한가. 아이 넷, 그 중 한 명은 갓난아기인 상황에서 피곤한 기색은 조금도 찾아볼 수 없고 청초하고 우아하기만 한 토리송의 빛나는 외모를 보고 나니 더욱 그런 생각이 들었다. 진정 혼자서 모든 재료를 손질하고 음식을 만들고, 너른 마당에 널려 있는 저 많은 빨래도 다 해내고 있다는 말인가? 보모도 없이 네 명의 아이를 돌보면서? 심지어 최근에 태어난 갓난아이는 오전 내내 빨래를 하고, 요리까지 마친 뒤 남편과 함께 집에서 낳았다고 한다! 아이도 없고, 살림도 잘 안 하면서도 늘 피곤함을 호소하며 추리닝 차림으로 컴퓨터 앞에 앉아 있는 스스로를 한심하게 돌아보게 되는 순간이다. 이쯤에서 블로그의 주인은 도대체 뭘 하는 사람인지 너무나 궁금해질 것이다.

미미 토리송에 대해서는 알면 알수록 놀라움의 연속이었다. 중국인 아버지와 프랑스인 어머니 사이에서 태어난 그는 국적은 프랑스지만 5개 국어를 구사하는, 다방면으로 능력이 뛰어난 사람이었다. 홍콩에서 나고 자랐고, 금융을 공부했고, 한때 패

선계에 종사했으며, CNN의 프로듀서였다고 한다. 아이슬란드 출신인 현재 남편을 만나 파리에 살게 됐는데, 이미 각자 아이들이 있던 상태에서 새로운 아이가 태어나면서 큰 집을 찾다가 메독에 정착했다. 그렇게 그녀는 "코스모폴리탄"하고 "블링블링"한 커리어를 접어 두고, 시골마을에서 아이들을 키우고 집안일을 하며, 요리에만 전념하는 가정주부의 삶을 살게 됐다.

음식에 대한 관심을 제외하면, 미미 토리송은 모든 면에서 나와는 도무지 접점을 찾기가 힘든 사람이다. 화려한 외모와 커리어는 물론이고 시골생활, 가족관계 등의 생활환경도 그렇지만, 무엇보다 추구하는 삶의 모양 자체가 너무나 다르다. 그녀는 남편에게 자주 "여성으로 사는 게 너무나 행복하다"고 말한다고 썼는데, 그 문장을 읽는 순간 결정적으로 이질감을 느꼈다. 그녀가 생각하는 여성으로서의 이상적인 삶과 나의 이상 사이에는 아주 커다란 차이가 있기 때문이다. 만약 내가 그녀처럼 그동안 쌓아 온 모든 커리어를 뒤로하고 온종일 청소, 빨래, 육아, 요리를 하면서 살게 됐다면, 아마도 나는 '여성이기 때문에 이렇게 살아야 하는가'를 회의할 것이다.

그런데 레시피 이외에는 피부에 닿는 아무런 유용한 정보도 없는 그녀의 일상 이야기를 나는 왜 그렇게 자주 구경하며 시간을 보냈을까? 아예 즐겨찾기에 등록하면서까지 말이다. 그렇게 공통점도 없고 가치관도 다르다고 하면서 왜 나는 그 일상을 계속 들여다보고 있는 것일까?

이런 '완벽한 여성'들이 프랑스에만 있는 것은 아니다. 한국의 인터넷 사이트에서도, 인스타그램에서도, 유명 여성들의 살림살이와 요리 사진을 자주 보았다. 다들 집도 큰 것 같고, 아이도 있고, 하는 일도 많은 것 같은데, 언제 저렇게 시간을 들여 청소하고 집을 꾸미고, 한국에서는 구하기도 힘들 식재료를 공수하고, 프랑스 본토에서도 큰맘 먹어야 할 수 있는 정통 프랑스 요리들을 제대로 해내는지 놀랍다. 그래도 아래 달린 댓글들 중엔 묘한 안도감을 주는 것들이 있다. "도우미 없으면 저렇게 절대 못 하죠", "나는 피곤해서 저렇게는 못 살 듯"과 같은, "내 말이~" 하고 싶은 댓글들이다. 하지만 그보다 더 대세를 이루는 반응은 따로 있다. "전생에 무슨 덕을 쌓았기에", "아 저렇게 한 번 살아 보고 싶어요" 같은 부러움의 댓글들이다. 이런 게시물의 조회수 폭발에 일조하는 나 또한, '완벽한 그녀들의 일상'을 구경하는 속마음은 부러움인지도 모르겠다.

무엇이 부러울까? 나 또한 미미 토리송처럼 여성으로 태어났다는 것이 '그럼에도 불구하고' 참 괜찮은 일이라고 생각하지만, 여성만이 집을 아름답게 꾸미고, 요리를 하고, 육아를 할 수 있다고 생각하지는 않는다. 그것이 여성성이라고 생각하지 않을뿐더러, 만약 나에게 딸이 있다면 결혼하지 않아도, 아이를 낳지 않아도 상관없다고, 최대한 자유롭고 독립적으로 살라고 말해 줄 것 같다. 미미 토리송이나 우리나라의 유명 블로거들처럼 세 아이의 엄마로 요리하고 살림만 하면서 살아 볼래 한다면, 커다란 집을 같이 내준대도 글쎄…… 아주 많이 망설일 것 같은데 말이다. 물론 사랑스러운 아이들, 넓은 주방, 건강한 식재료, 엄청난 요리 솜씨, 빵 하나, 음료수 하나도 헉 소리가 나도록 예쁘게 연출할 줄 아는 센스 등 부러운 요소를 꼽자면 손가락이 모자라지만, 한정된 시간과 에너지를 생각하면 여기엔 선택의 문제도 있음을 이제는 나도 아는 나이가 됐다.

이런 생각을 하던 차에 〈르 몽드 디플로마티크〉의 기자이자 작가인 모나 숄레가 미미 토리송에 대해 쓴 글을 발견했다. 나의 '길티 플레저'였던 이 블로그를 페미니스트인 모나 숄레도 흥미롭게 지켜보고 있었다는 사실이 반가웠다. 그는 "대부분의 페미니스트들은 자신들이 부정한 모델에 어떤 향수도 느끼지 않지만, 나는 그렇지 않다"며 안락한 거실이나 잘 꾸며진 크리스마스 장식을 동경하는 마음을 고백했다. 그리고 모순된 감정에 대해 이렇게 설명하고 있다.

미미 토리송의 삶이 부럽지는 않다. 지켜보고 있노라면

10분도 안 돼 우울해진다. 다만 나는 바람에 부응하는 그녀의 순응성이 부럽다. 물결을 거스르는 것은 피곤한 일이다. 표준에 자연스럽게 몸을 맞추는 일, 이미 수백만의 여성들과 무엇보다 여성은 이래야 한다는 수백만의 모델들이 표지판을 잘 세워 놓은 지대에 들어가는 일은 (중략) 따뜻한 반신욕처럼 기분 좋고 편안한 일이다.°

나도 그랬던 것 같다. 그녀들에게서는 어떤 두려움이나 의심도 없이 자연스럽게 주어진 나의 길을 가고 있다는 편안함, 확신 같은 것이 느껴졌고, 나는 그 앞에서 매번 묘한 부러움과 자괴감을 느꼈다. 특히 미미 토리송의 블로그에서 보이는 푸른 숲과 식탁 위의 자연, 햇빛 아래 뛰노는 아이들의 모습은 매연 가득한 도시에서 고군분투하는 나의 일상을 더욱 인위적이고 초라한 것으로, "물결을 거스르는 일"로 느껴지게 했는지도 모른다.

그렇다고 해서 나의 이런 삶, 오랫동안 남성의 영역으로 분류되어 왔던 사회생활에 인생의 많은 의미를 두고, 아이를 낳을지를 망설이며, 집안일을 잘 못하는 현재에 여성성이 결여되어 있다고 생각지 않는다. 부러움의 실체를 깨닫고 난 뒤 가장 먼저

°   Mona Chollet, *Chez Soi: Une Odyssée de l'Espace Domestique*(자신의 집에서: 생활공간의 오디세이), La Découverte, 2015

든 생각은 왜 여전히 여성의 '다른 선택'은 고생스러운가 하는 것이었다. 미미 토리송과 같은 선택을 하지 않은 것이 문제가 아니라, 다른 선택이 가시밭길이 되는 사회가 문제가 아닌가?

미미 토리송은 본인의 인스타그램에 누군가 "출산과 요리를 (여성의 일인 것처럼) 장려하고 있다"는 댓글을 달았다며, 이에 대한 생각을 블로그에 올렸다. "나는 남성과 여성은 모든 면에서 완벽히 동등하다고 늘 느껴 왔습니다. 여성들은 이 동등함을 인정받기 위해 싸워야 했고, 싸워야 하죠. 하지만 그것이 여성이 남성과 똑같이 살거나 남성들의 영역에서 똑같이 싸워야 한다는 의미는 아니라고 생각합니다. 여성은 여성의 역할을 하고, 그에 맞는 방식을 세워야 하는 것 아닌가요?"

미미 토리송의 이 게시물을 인용하며 모나 숄레는 자신의 글을 이렇게 끝맺는다.

> 2014년에도 우리는 여전히 가정생활에 전념하지 않는 것을 공격적인 태도로(남성과 싸워야 하는 것으로), 부자연스러운 것으로 여길 수 있었다.

"2014년에도 우리는 그렇게 여겼다"가 아닌 "여길 수 있었다"고 쓴 것은 유머일까? 씁쓸하지만 모나 숄레의 말에 공감한다.

정치적인 식탁

프랑스의 미셸 호카르 전 총리가 말했다.
"음식으로 누그러지지 않는 사람은 외교적으로도 힘든 상대다."

오늘의 메뉴. 브리 치즈
장소. 1814년 9월의 오스트리아 빈
참석자. 90개 유럽 왕국의 왕족들

1814년 9월의 일이다. 200여 명에 달하는 유럽 각국의 공주, 왕자, 216명의 외교대사 들이 털털거리는 마차를 타고 모래바람을 가르며 한곳으로 향하고 있었다. 비행기도 없었고 국경도 높았던 시절이었다. 유럽사에서 거의 최초로 꼽히는 이 국제회의의 단초는 프랑스가 제공했다. 나폴레옹이 전쟁에서 패배했기 때문이다. 프랑스가 주변 국가들을 전쟁으로 제압하고 나선 지 약 17년 만의 일이었다.

　유럽 내 크고 작은 90개 왕국과 53개 공국의 대표들은 후속 조치와 새로운 외교협정을 논의하기 위해 유럽의 심장부, 신성로마제국의 수도였던 오스트리아 빈으로 먼 길을 떠났다. 지금으로 치자면 유럽정상회의에 비교될 수 있을까 싶은데 의미는 비슷해도 모양새는 많이 달랐나 보다. 유럽지도를 어떻게 재편하느냐 하는 중요한 문제를 두고 유럽의 주요 열강들은 긴장하며 서로의 눈치를 보고 있었지만, 대다수의 기타 왕족들은 이 회의를 언제 다시 올지 모를 사교의 장으로 여겨 밤이면 밤마다 크고 작은 파티를 열었다고 하니 말이다. 멀고 먼 자국에서 두 눈 부릅뜨고 지켜보는 유권자들이 있는 것도 아니고, 이 소식을 자국에 전달할 특파원이 있는 것도 아니었다. 한번 모이는 데만도 수 일이 걸렸던 당시에는 시간관념도 달랐을 것이다.

　흥청거리는 축제 분위기에서 함께 축배를 들고 사교의 춤을 출 수 없는 단 한 사람이 있었다면 아마 프랑스 대표였을 것이다. 패전국으로서 프랑스는 어쩌면 이 회의에 참석조차 불가능한 것이 당연했을지도 모른다. 프랑스 때문에 기존 체제에 큰 위협을 받은 열강 4개국 영국과 러시아, 오스트리아, 프로이센이 모이는 곳이었으니 더더욱.

그러나 프랑스에는 정치의 천재, 타고난 외교관이 있었다. 아슬아슬한 혁명의 시대에 매번 권력의 핵심부에서 살아남았던, 샤를모리스 드 탈레랑 페리고르Charles-Maurice de Talleyrand Périgord, 즉 탈레랑 재상이다. 혁명의 칼바람으로 잠시 미국으로 망명했었지만 다시 돌아와 나폴레옹을 황제의 자리에 앉혔고, 나폴레옹이 엘바섬으로 쫓겨난 이후에도 루이 18세를 중심으로 다시 왕정을 세우는 데 큰 역할을 했다. 루이 18세는 절름발이였던 외교의 천재 탈레랑을 오스트리아 빈에 보내기로 했다. 이 결정이 프랑스 외교 역사에서 가장 성공적인 '한 수' 중의 하나가 된다.

이 회의에서 프랑스는 열강의 횡포를 두려워하는 약소국들의 의견을 모아 이들의 지지를 등에 업었다. 또한 유럽 확장권을 두고 으르렁거리는 영국과 러시아 사이에서 '조정자' 역할을 자처하며 이듬해 11월 당당히 빈 회의의 최종 승인권자 5개국 중 하나가 되었다. 비극의 원흉인 패전국이 승전국들과 나란한 권리를 차지하게 된 것이다. 귀신에 홀린 듯 어리둥절해지는 이런 결과는 전적으로 탈레랑의 외교술 덕분이라고 전해진다. 비결은 무엇이었을까? 도대체 얼마만큼의 화술과 외교 감각이기에 위험에 처한 자국의 영토를 지켜 낼 정도가 될까?

빈으로 떠나기 전, 탈레랑 재상은 루이 18세에게 특별히 두

가지 부탁을 했다고 한다. 하나는 최고급 식재료, 다른 하나는 프랑스 최고의 요리사였다. 오늘날까지도 프랑스 요리 역사에 있어 최고의 셰프로 일컬어지는 앙토냉 카렘이 탈레랑과 함께 마차에 올랐다. 이미 만남과 사교의 장이 되어 흥겨운 파티가 아침저녁으로 펼쳐지고 있었던 빈에서 프랑스 요리의 거장은 할 수 있는 일이 많았다. 탈레랑 또한 매일 아침 그날의 메뉴를 고심하면서 앙토냉 카렘과 함께 주방에서 많은 시간을 보냈다고 전해진다.

국가 외교의 성공 비밀이 한낱 요리에 있었다고 하면 현장에 있었던 이들에게 모욕이 될까? 하지만 "대포보다 냄비로 더 많은 것을 얻어 낼 수 있다"거나 "내게 훌륭한 셰프를 주면 흡족한 협정을 주겠다"고 했다는 탈레랑의 어록이 '외교의 신'이라는 타이틀과 함께 지금껏 널리 회자되는 것을 보면, 그에게 훌륭한 요리는 협상의 필살기였던 것 같다.

외교도 결국 사람이 하는 일이다. 샴페인을 터뜨려 마음을 들뜨게 하고, 진귀한 재료로 호기심을 자극하고, 달콤하고 화려한 디저트로 마음을 녹이는 일. 당시 최고의 전성기였던 프랑스 요리가 해낸 일들이다.

그해 회의의 마지막 성찬은 프랑스의 브리Brie 치즈로 끝을 맺었다고 한다. 곰팡이가 진 겉면은 살짝 딱딱하고 시고 쓴 맛이 나지만 안으로 들어갈수록 말랑하고 부드러우며 풍미가 깊은 브리 치즈는 아마도 탈레랑 재상의 회심작이었을 것이다. 브리 치즈는 그 자리에서 '치즈의 왕'이라는 칭호를 얻었다. 브리 치즈 이야기는 유럽의 심장으로 복귀한 프랑스의 승리를 상징하는 동시에 '미식 외교'의 힘을 보여 주는 대표적인 예다.

프랑스 요리의 외교력은 그 후로 오랫동안 지속되어 150년 후엔 신대륙의 외교에까지 팔을 걷어붙이게 된다. 1961년 미국 대통령 존 F. 케네디는 백악관의 요리사로 프랑스인 셰프, 르네 베르동René Verdon을 임명한다. 그전까지 백악관은 요리에 별다른 관심이 없어 손님들이 올 때마다 전형적인 출장요리를 내놓았는데, 미식가인 영부인 재키 케네디가 입성하며 변화를 가져왔다. 프랑스 셰프는 1961일 4월 5일 당시 영국의 총리였던 해럴드 맥밀런을 초대한 오찬에서 첫 공식 요리를 선보였다. 며칠 뒤 〈뉴욕타임스〉는 이날의 식사메뉴를 자세히 소개하며 이렇게 평했다.

영미관계를 발전시키는 데 프랑스 요리만 한 것이 없다.°

°   Christian Roudaut & Gilles Bragard, *Chefs des chefs*(셰프의 셰프), Edition du Moment, 2013

프랑스의 정치인들이 맛으로 사로잡은 것은 비단 외국인만이 아니었다. 조르주 퐁피두 대통령은 "식사는 이제 정치의 한 수단이 되었다"고 말했고, 역대 대통령 중 가장 까다로운 미식가로 알려진 프랑수아 미테랑(1981년~1995년 재임)은 저녁식사 자리를 통해 총리를 선임했다고 한다. 열정적인 식탐이 전형적인 프랑스인이라는 이미지를 창조해 대중의 인기까지 얻었던 정치인으로 치자면 단연 자크 시라크 대통령(1995년~2007년 재임)이다. 워낙 요리에 관심이 많아 젊은 시절 르 코르동 블뢰Le Cordon bleu에 다녔고, 미국에서 공부하던 시절에는 식당에서 햄버거를 만들었다. 그는 농업국가 프랑스에서 대중들이 무엇을 어떻게 먹고 지내는지 잘 알았다. 그는 다른 정치인들처럼 미슐랭 스타 셰프들의 고급 레스토랑을 찾지 않았다. 체크무늬 식탁보가 깔린 동네의 작은 식당과 허름한 선술집에서 사람들 사이에 섞여 시간을 보냈다. 매해 파리에서 열리는 농업박람회에서 아침부터 저녁까지 온종일을 머물며 (고급 와인이 아닌) 생맥주를 마셨고, 특산품 소시지를 먹었다. 농업인의 지지가 중요한 프랑스에서 그가 오랫동안 사랑받으며 "가장 국민 친화적인 대통령"이라고 불리게 된 비결이다. 그의 보좌관이던 장 프랑수아 프로스트는 "그는 공화국의 가르강튀아다. 그는 대식가이고, 술꾼이며, 호색가다. 프랑스 사람들이 좋아하는 세 가지를 모두

갖췄다. 그게 바로 갈리아인의 성격이니까"°라고 말했다.

하지만 시간이 흐르고 사회가 변화하면서 이제 전형적인 프랑스인의 이미지도 변했다. 두툼한 뱃살에 붉어진 얼굴로 한 손에 와인잔을 들고 있던 정치인들은 더 이상 현대적이고 역동적인 이미지를 주지 못했다. 시라크의 뒤를 이어 대통령에 당선된 사르코지(2007년~2012년 재임)는 식탁 위에서 보내는 시간은 짧을수록, 식사는 간단할수록 좋다고 공공연히 말하며 역대 정치인들의 전형적인 식탐가 이미지와 단절했다.

사르코지보다는 시라크와 비슷하다는 평을 듣는, 미식가에 대식가인 프랑수아 올랑드 대통령(2012년~2017년 재임)도 변화한 대중들의 기호에 몸을 맞추어야 했다. D자형 몸매에 두루뭉술한 턱선으로 먹고 마시는 일에 대한 애정을 온몸으로 증명했던 그이지만 대선을 앞두고서는 이런 말을 하며 혹독한 다이어트에 돌입했다.

"아니, 와인은 안 됩니다. 뚱뚱해지면 당선되기 힘들어요."°°

° 　　Gilles Brochard, *Guide Secret des Tables Politiques*(정치인 식탁의 비밀 가이드), Verlhac, 2012
°° 　　앞의 책

사람들은 세계의 흐름에 빠르게 대처하는 프랑스를 원했고, 정치인들은 식탁 앞에서 머물렀던 시간의 흔적을 감춰야 했다.

유럽연합이라는 공동체를 꿈꾸던 1970년대, 독일과 프랑스의 정상은 미식이라는 공통의 취미 덕분에 긴장의 순간들을 모면했다고 한다. 쾌락주의자 시라크와 헬무트 콜 총리는 프랑스와 독일의 국경도시 스트라스부르의 유명 식당에서 달팽이 요리와 프랑스식 송아지 고기, 독일식 샐러드와 맥주를 먹으며 중요한 회담을 진행했다.

미식 외교의 전통은 미식가 메르켈 총리를 맞아 독일에서는 계승이 가능했으나, 프랑스 쪽의 변화로 위기를 맞았다. 식사를 그리 즐기지 않는 사르코지 대통령이 등장했기 때문이다. 해외의 정상이 오면 늘 준비하는, 샴페인과 아페리티프부터 전식과 본식, 치즈와 후식으로 이어지는 만찬이 너무 길다고 판단한 사르코지 대통령이 코스에서 치즈를 빼 버렸는데, 프랑스 치즈는 앙겔라 메르켈이 특별히 사랑하는 음식이었다. 그리고 유럽연합 내의 권력구조로 보나 세계적 영향력으로 보나 약자는 프랑스였다. 사르코지는 메르켈의 마음을 움직이기 위해 다른 정상들에게는 내놓지도 않은 치즈를 평소보다 두 배 넘게 준비했다고 한다. 이후 남아프리카공화국 대통령을 엘리제궁에 초대했을 때는 식사를 45분 만에 끝내며 이렇게 투덜댔다는 일화가 전해진다.

"이렇게 짧은 식사가 좋지 않아요? 앙겔라는 먹는 걸 너무 좋아해서……."

풀어야 할 숙제 더미를 어깨에 짊어지고 각자의 이해관계를 등 뒤로 숨긴 채 함께하는 식사에서 과연 얼마만큼의 즐거움을 찾을 수 있을까? 그게 진정한 식사이긴 할까?

내게도 이해관계가 얽힌 정치적인 식사가 여러 번 있었다. 그중에서도 영화를 만들던 시기에 만난 프랑스인 프로듀서와의 첫 식사가 기억에 남는다.

내가 보낸 시나리오를 읽었다며 만나서 이야기하자는 연락을 받았는데, 함께 일해 보자는 대답이 너무나 절실했었다. 그에 대해 알아보던 중에, 그의 여자친구가 코트디부아르 출신이고 그가 아프리카 문화에 관심이 많다는 사실을 알아냈다. 나는 그에게 가벼운 점심식사로 아프리카 요리를 먹자고 먼저 제안했다. 식사를 시작하며 내가 아프리카 문화에 대해 묻자 그는 해 줄 말이 많아졌다. 나로서는 굳이 무거운 일 이야기부터 꺼내지 않아도 되어서 좋았다. 그렇게 긴장의 순간을 넘어 우리의 대화는 진솔하게 흘러갔다.

그날 그의 회사에서 커피만 마셨다고 하더라도 결과는 똑같이 좋았을 수도 있다. 다만 그랬다면 나는 일방적으로 면접을 보는 경직된 기분으로 준비한 이야기만 늘어놓았을 테고, 이후의 관계도 달랐으리라. 그날의 만남에서 음식은 일종의 숨통이었다.

한때 프랑스의 총리였고, 현재 프랑스의 외교관인 미셸 호카르는 "음식으로 누그러지지 않는 사람은 외교적으로도 힘든 상대"라고 말했다. 잠시 무기를 내려놓고 인간적인 욕망을 드러내며 여유를 즐기는 자세도 어쩌면 외교의 중요한 순간일 수 있겠다.

아마도 메르켈은 사르코지의 뒤를 이어 당선된 식탐 많은 올랑드와의 대화를 더욱 즐겼을 것 같다. 메르켈 총리도 올랑드 대통령도 몸매가 슬림하지 않았던 데에는 정치적인 이유가 있는 것이다.

시어머니의 초대 노트

식사 초대는 집에서 이루어지는 사교활동이라고 할 만큼
프랑스 사람들에게는 무척 중요한 문화다.

오늘의 메뉴. 마늘과 푸아그라로 소스를
만든 브레스 닭고기 구이
장소. 남자친구의 부모님 댁
참석자. 남자친구의 가족들과 나

〈거의 완벽한 저녁식사Un Dîner Presque Parfait〉라는 프랑스
TV 프로그램이 있다. 다섯 명 정도의 일반인 지원자들이 서로
를 초대해 각자의 집에서 한 번씩 식사를 하는데, 초대받은 나
머지 네 명이 이에 대해 점수를 매기고 코멘트를 하는 리얼 예
능 프로그램이다. 월요일부터 금요일까지 매일 저녁식사를 하

고 금요일 저녁 점수를 합산해 가장 완벽에 가까운 저녁식사의 호스트에게 상금을 준다. 2008년 처음 방영된 이래 현재까지 매해 새로운 시즌으로 제작되었고, 2011년에는 당시 문화부 장관이었던 프레데릭 미테랑이 직접 참여해 화제가 되기도 했다.

요리 대결 방송은 우리나라에도 넘쳐 나지만, 이 프로그램의 흥미로운 점은 좋은 점수의 기준이 비단 음식에만 국한되지 않는다는 데 있다. 게스트들은 음식의 맛뿐 아니라 그날 식사의 인상을 결정하는 다른 요인에도 주의를 기울이고 점수를 매긴다. 아페리티프, 전식, 본식, 후식, 디제스티프digestif까지 이어지는 메뉴의 구성이 얼마나 조화로운지는 물론이고, 식사 공간의 데코레이션과 분위기, 테이블 세팅, 대화를 이끌어 가는 호스트의 감각 또한 평가기준이다. 식사의 주제가 있는지, 세련되거나 예스럽거나 창의적이거나 하는 나름의 매력이 있는지까지 모두 살핀다. 누군가는 엄청난 재료로 훌륭한 요리를 해 놓고도 즐거운 분위기 연출에 실패하거나 센스 없는 데코레이션으로 좋은 점수를 얻지 못하기도 하고, 누군가는 평소 연마한 악기 연주 혹은 친구들과 공연까지 준비하느라 정작 음식에는 신경을 못 써 점수 굴욕을 당하기도 한다.

애청자의 한 사람으로서 이 프로그램의 재미는 초대받은 사람들이 저녁식사 도중 뒤로 몰래 나와 솔직한 평가를 내놓는

'뒷담화'에 있었다. 호스트가 온종일 어떤 고민과 걱정을 짊어지고 자리를 준비했는지 모두 지켜본 우리는 깐깐한 심사위원들 표정과 반응 하나하나에 자연스럽게 주목하게 된다. 호스트가 야심차게 준비하고 장식한 파란색 테이블보와 조개껍질, 물고기 모양 피규어에 "그거 너무 유치했어요" 혹은 "요리 내용과 무슨 관련이 있는지 모르겠어요" 같은 평가를 내리는 게스트들의 소곤거림을 들으며 "그래, 내가 그럴 줄 알았다니까. 이 사람 취향은 아닐 줄 알았어" 하게 되는 식이다. 매번 놀라운 점은 일반인 게스트들의 날카로운 눈썰미와 다양한 평가기준이다. 한 번의 저녁 초대에 생각하고 결정해야 할 것이 이렇게 많다니, 매의 눈으로 지켜보면 그토록 지적할 거리가 많아진다니, 이쯤 되면 집으로 하는 식사 초대는 무슨 종합예술쯤 되지 않을까 하는 생각이 든다.

방송이고, 상금이 주어지는 일종의 게임이니 그렇게 노력을 들이는 거겠지 싶지만 꼭 그렇지만은 않다. 정도의 차이는 있겠지만 대체로 이 나라 사람들은 식사 초대에 많은 정성을 기울인다. 집에서 이루어지는 사교활동이라고 할 만큼 프랑스에서는 초대 문화가 일반화되어 있다.

나에게는 집으로의 초대가 빈번한 문화가 매번 엄청난 부담이었다. 이 나라에서 '성공적인 식사'란 이 프로그램이 보여 주듯 비단 음식의 맛에 국한되지 않았다. 프로그램의 인기는 그런 공감대에 있을 것이다. 내게 '그 어려운 일'이었던 것을 다른 사람들은 어떻게 하고 있을까 하는 궁금증, 남들의 요리와 인테리어, 화술, 식사 매너를 보며 정보를 얻을 수 있다는 유익함 때문에 그렇게 인기를 누리고 장수하는 것이 아닐까?

이 프로그램의 애청자인 나의 시어머님도 식사 초대에 대해서라면 할 말이 많으신 분이다. 집에서 사람들과 식사하기로 한 날이 임박하면 두통약과 진정제가 필수일 정도다. 시부모님의 경우 평균적으로 한 달에 서너 번은 사람들을 초대해 식사를 하시는데, 프로그램의 참여자들처럼 매번 손님의 취향을 고려해 메뉴를 짜고, 화젯거리와 분위기를 생각해 두신다. 손님 중에 채식주의자가 있는지, 특정 재료를 싫어하거나 못 먹는 사람은 없는지 미리 살펴 메뉴를 정하고, 초대받은 사람들의 성향(대부분 정치적 성향)과 최근의 상태를 고려해서 자리 배치를 한다. 내성적인 사람 옆에는 상냥하고 사교적인 사람을, 최근에 안 좋은 일을 겪은 사람은 호스트 옆자리로, 목소리 크고 늘 할 말이 많은 사람 주변에는 가족들이나 믿을 만한 친구들을 배치하는 식이다. 식탁보나 냅킨 또한 매번 모임의 성격에 맞게 고심해서 결정한다. 물론, 시아버님이 어머님 못지않게 많은 과정을 담당해서 가능한 일이다.

식사 초대가 이분들에게 얼마나 진지한 활동인지를 깨달은 것은 무엇보다도 한 권의 노트를 보고 나서였다. 시어머니에겐 그날의 식탁을 어떻게 꾸몄는지, 무슨 요리를 대접했는지를 기록해 온 노트가 있다. 지난 30여 년 동안 집에 초대한 사람들과 그날 전식부터 후식까지의 메뉴가 기록되어 있다. 30년 전 일주일 동안 머물렀던 친한 사촌이 매일 점심, 저녁에 무엇을 먹었는지(둘째 날에는 사촌이 배탈이 나서 본래 예정되어 있던 생굴을 먹지 못하고 채소수프를 먹었다는 사연까지!)부터 몇 년 전 내가 처음 이 집에 초대되었을 때 먹었던 음식까지 촘촘히 기록되어 있다. 세상에 이런 노트는 처음 본다며 입을 다물지 못하는 내게 작성자께서는 한 사람에게 같은 음식을 두 번 대접하는 일을 피하고, 주변 사람들이 좋아하는 음식과 싫어하는 음식을 되묻지 않기 위해 적어 놓았다며, 요즘엔 예전처럼 다 기록하지는 못한다고 대수롭지 않게 말씀하셨다. 그러고 보니 내가 시댁을 방문할 때마다 매번 다른 요리를 먹을 수 있었던 것은 우연이 아니다.

시어머니의 노트는 지난 30여 년 동안의 인간관계의 기록이자 지인들의 성향과 식성의 참고서였다. 나는 사람들을 초대해서 함께 식사하는 일에 대한 관점과 자세를 생각하게 됐다. 나에게 누군가를 집에 초대함은 기본적으로 나의 세계를 보여 주는 일이다. 있는 그대로의 나의 세계를. 그런데 이 노트의 주인에게는 '당신을 위해 준비한' 나의 세계를 보여 주는 일이었다. 결국 시어머니에게 식사 초대란 초대받는 사람을 향한 관심과 애정의 표현이었다. 센스 있는 선물을 고르는 일처럼 상대방의 취향을 가늠하고 상상하는 일이었다.

그래 봤자 식사 한 번인데, 두통이 올 정도로 노력을 기울일 가치가 있을까? 매번 진귀한 재료는 아니더라도 늘 한 사람 한 사람을 고려해 특별한 요리를 내려면 육체적, 시간적 노력만큼 금전적인 노력도 들어야 한다. 하지만 특별한 목적이 있다고 하기엔 시부모님과 초대받는 사람들과의 관계가 그리 계산적이지 않았다. 이해관계가 얽힌, 공적인 일과 관련된 사람들과는 도리어 외식을 하고 정말 친한 관계가 되어야 초대가 이루어졌다. 오랜 친구들, 가까운 가족들과 먼 친척들이 대부분이다. 물론 초대하는 호스트의 인품과 마음의 넉넉함이 기본적으로 존재할 것이다. 평범한 중산층에 불과한 시댁의 경제적 수준을 생각하면 더더욱 그렇다. 하지만 좋은 일이 있을 때마다 시댁에 배달되는 꽃다발, 친구들이 한 해에도 몇 번씩 보내오는 안부엽서들을 보면 모든 정성의 보상은 이렇게 퇴직 후 노년까지 지속되는 풍요로운 관계에서 찾아야 한다는 생각이 든다.

시어머니의 노트를 보고 알게 된 또 한 가지가 있다. 노트 속 내 이름 옆에는 "오리 가슴살 스테이크magret de canard 좋아하지 않음. 내장요리 좋아하지 않음"이라고 적혀 있었다. 그러고 보니 처음 이 집에서 식사를 할 때 "어떤 음식을 좋아하니?" "이 것도 좋아하니?"와 같은 질문을 수없이 받았던 기억이 났다. 호불호를 생각해 보지 않았던 하나하나의 음식들을 떠올리며 취향을 점검해야 했던 순간이었다. 이럴 때의 정답은 무엇인가를 고민하던 끝에 "전 다 좋습니다, 다 잘 먹어요!"만을 피곤하도록 외쳐 댔었다. 밥상 앞에서 까다롭게 구는 일이 흠에 속하는 사회에서 온 사람답게.

시간이 흘러서야 알았다. 시장 구석구석 안 들르는 곳이 없을 정도로 구성원의 취향이 다양한 이 집에서 새로 들어올 식구가 어디쯤에 위치하는지는 시부모님에게 아주 중요한 일이었음을. 지금까지 시아버지의 단독 취향이었던 (그래서 자주 식단에서 무시되었던) '생굴파'에 합류할는지, 시어머니와 함께 내장요리에 탐닉할는지, 이 집에는 존재하지 않았던 '생채소와 과일파'의 역사를 개척할는지 말이다.

시어머니의 노트를 보며 나는 나를 다시 발견한 것 같은 기분까지 들었다. 나는 대부분의 생선을 좋아하지만 연어는 좋아하지 않았고, 조개류는 별로 내켜하지 않지만 생굴은 사랑하고 있었다. 단맛의 향연인 후식보다는 실험적인 전식 요리를 선호했고, 오리보다는 양고기를 좋아했다. 육류와 생선보다는 채소를 좋아해서 마음에 드는 메뉴가 없을 땐 차라리 채식주의자 메뉴를 안전하게 선택하고 있었다.

"이것보다는 저게 좋아", "그건 별로 먹고 싶지 않아"와 같이 음식을 앞에 두고 하는 취향 표현은 프랑스에서만 한다. 가끔은 내 귀에도 아이들 반찬투정같이 철없이 들릴 때가 있지만, 이 나라에서 음식에 관한 자기표현을 일종의 섬세함으로 본다는 사실을 잘 알고 있으니 말이다.

용기를 내 자기표현을 한 결실은 컸다. 함께 어시장에 가고 생굴을 까먹으며 제일 즐거워한 사람은 시아버지셨지만.

디저트의 시대

소피아 코폴라 감독의 〈마리 앙투아네트〉를 기점으로
눈으로 먹는 시대가 펼쳐졌다.
유럽의 명품 패션 그룹들은 디저트 산업에 진출했다.

오늘의 메뉴. 화려한 빛깔의 마카롱,
크림 타르트, 샴페인
장소. 베르사이유 궁전
참석자. 영화 속 마리 앙투아네트와 귀족들

바야흐로, 디저트의 시대다. 아니, 파티스리pâtisserie, 즉 달
달한 베이커리의 시대라고 하는 것이 정확하겠다. 빵집 디저트
진열대에서 조용히 숨죽이고 있던 에클레르éclair, 슈chou à la
crème, 마카롱macaron 같은 제과류가 각종 파이들을 압도하며
최근 몇 년 사이 위상을 달리했다. 세부 품목 하나하나만을 전

문으로 하는 독립 브랜드가 생겨날 정도다.

일반 빵집에서 에클레르는 대개 커피와 초콜릿, 두 종류였는데, 이제는 수십 가지 다양한 맛이 등장했다. 에클레르뿐만이 아니다. 푸아그라 맛까지 나왔다는 마카롱은 물론이고, 동그란 페이스트리 안에 슈크림이 담긴 슈, 천 겹의 페이스트리로 만들었다는 의미의 밀푀이유mille-feuille도 마찬가지다. 각종 컬러와 모양, 맛으로 새롭게 태어나 '리미티드 에디션'이라는 이름이 붙기도 한다. 디저트 매장은 파리에서 가장 세련된 장소가 됐고, 점원들은 흰색 투명 장갑을 끼고 마치 보석류를 다루듯 하나하나 조심조심 선택된 상품들을 꺼내 담는다. 포장 상자 또한 내용물의 몇 배는 족히 넘는 부피다. 목적지의 식탁에 올라갈 때까지 작은 흠집이라도 나면 안 되니까. 매장을 나서는 고객의 기분은 상쾌하다. 단돈 8, 9유로에 마치 엄청난 명품이라도 산 기분이다.

디저트 고급화 열풍의 시초에는 마카롱이 있다. 2006년 여름, 당시 가장 힙한 감독이었던 소피아 코폴라의 영화 〈마리 앙투아네트〉가 칸영화제에서 상영됐다. 소피아 코폴라는 프랑스혁명 전의 마지막 왕조, 사치와 향락을 벌이다가 분노한 민중에 의해 단두대에서 목이 베였다는 왕비의 이야기를 새롭게 해석했다. 영화 속에서 마리 앙투아네트는 본인의 의지와는 관계없이 멀리 이국에서 마차를 타고 정략결혼을 위해 프랑스에 온 여자아이, 사랑하는 강아지를 국경에서 빼앗기고 급기야 참고 있던 눈물을 터뜨리는 소녀, 즐겁고 유쾌하게 사랑받으며 살고 싶었을 뿐인 한 여인으로 다시 태어났다. 마카롱은 소녀의 세계를 상징하는 장치로 등장했다. 그녀의 방 구석구석을 차지하고 있는 오색빛깔 파스텔 톤의 마카롱들은 그 위로 흐르는 모던록 음악과 함께 나름의 연기를 하고 있었다. 주연배우 커스틴 던스트가 특유의 도발적인 시선으로 카메라를 응시하며 마카롱을 입에 넣는 장면이 영화를 대표하는 한 컷이 되었을 정도다.

한동안 언론은 〈마리 앙투아네트〉 속 '파격적인' 마카롱과 스니커즈 운동화에 대해 호들갑스러웠다. 언론의 평가에 과장이 있다고 생각하지만, 다만 한 가지, 어렸을 때부터 패션 공부를 했다는 소피아 코폴라의 감각만은 인정하고 싶다. 그녀가 최초인지는 모르겠으나 디저트의 색감에서 패션의 가능성을 봤다는 것, 갖고 싶다는 욕망의 가능성을 발견했다는 점이 대단하다.

실제로 이 영화의 마카롱을 제작, 협찬했다는 라뒤레 Ladurée의 홍보담당자는 영화의 영향으로 마카롱과 패션을 접목시키려는 시도가 이어졌고, 라뒤레의 극적인 성공은 영화에서 비롯됐다고 밝혔다. 라뒤레는 현재와 같은 모양의 마카롱을

20세기 초에 처음 만들어 낸 150년 전통의 제과점이지만, 세계적인 명성은 영화 〈마리 앙투아네트〉 이후에 얻었다는 것이다.

마카롱으로 시작된 디저트 제과류의 열풍은 영미권의 컵케이크, 프랑스의 에클레르, 슈, 밀푀이유, 최근에는 전통 디저트인 프로피트롤profiterole까지 이어졌고, 패션과의 접목도 활발해졌다. 칼 라커펠트와 크리스티앙 라크루아 같은 디자이너들이 제과업체와 협업해 직접 디자인한 디저트 빵을 선보이기도 했고, 루이비통, 디올의 LVMH도 파티스리를 와인, 샴페인과 같은 럭셔리 산업으로 만들겠다며 적극적인 의지를 표명했다. 프라다, 조르지오 아르마니 같은 대기업들도 속속들이 파티스리, 초콜릿 명장들과 손잡았다는 소식이 전해진다.

사회학자들은 최근 전 세계에 불어닥친 달달한 먹거리 열풍을 '경제위기'의 틀 안에서 분석한다. 2008년 금융위기 이후로 유럽에는 고용불안과 높은 실업률이 오래 이어지고 있는데, 이렇게 팍팍해진 세상에서 사람들은 본능적으로 달콤한 위로를 찾게 된다는 것이다. 식사 과정에 디저트가 포함되어 일상적으로 먹어 오던 서양 사람들에게 더욱 와닿는 논리일 수도 있다. 이들은 어린 시절부터 달콤한 오후의 간식을 착한 일을 했을 때 받는 포상 혹은 어른들의 선물로 여겼다고 한다. 반대로 나쁜 행동을 했을 때는 그날의 디저트에서 배제되거나 간식을 못 먹게 되는 체벌을 받았다고 한다. 기본적으로 단 음식에는 마음을 위로하는 효과가 있다고 하는데, 할머니가 구워 주시던 달달한 파이처럼 마음 따뜻해지는 어린 시절의 추억까지 떠올릴 수 있다면 더할 나위 없는 힐링 푸드라 할 수 있겠다. 10유로도 안 되는 돈으로는 특별히 할 것이 없는 요즘 물가에서 디저트는 위로와 푸근함, 보기만 해도 탐이 나는 아름다움까지, 그야말로 불경기에 엄두 낼 수 있는 가장 합리적인 사치가 아닐까.

또 한 가지 인기의 요인은 소피아 코폴라가 애초에 주목했듯 비주얼의 가능성에 있다. 인스타그램과 같은 SNS의 일상화로 예쁘고 화려한 상품의 경쟁력이 증폭됐다. 디저트 제과류가 가격 면에서 접근가능성이 높고, 무엇보다 식욕이라는 보편적인 욕망을 자극한다는 점을 떠올리면 패션계와 요식업계의 거대한 손들이 발 벗고 나선 것이 어쩌면 당연하다. 눈으로 먹는 시대가 도래한 것이다.

패션계가 요식업계에 진출했다는 사실에는 한편 의아한 지점이 있다. 그곳은 거식증이 만연한 문제적인 세계가 아니던가? 작은 마카롱 하나가 100칼로리를 훌쩍 넘는다는데, 어떻게 하면 더 아름답게 보이는지를 고민하고 그것을 살아 내는 일이 가장 뜨거운 화제인 사람들에게 이 버터와 설탕의 집합체가 매력적일 수 있을까? 물론 몸의 실루엣이 중요한 모델들은 이런 음식을 먹지 않겠지만, 조금이라도 이들과 비슷한 옷발을 내고 싶어 한 끼 한 끼 메뉴를 고민하고 "내일부터_다이어트"를 일상적인 해시태그로 끼워 넣는 일반인들에게 이런 칼로리 덩어리가 어떻게 인기를 끄는 걸까? 게다가 우리는 "설탕 과잉 시대", "○○보다 위험한 설탕 중독" 같은 기사가 매일같이 쏟아지는 시대를 살고 있지 않은가.

위험한 일은 더욱 욕망을 자극하고 금지된 관계일수록 마음은 더욱 뜨거워진다. 건강식이라고 소문난 요리였어도 그토록 사람들의 욕망을 자극했을까? 많이 먹으면 안 되니까 조금만, 너무 예뻐서 지나치기 힘드니까 일주일에 한 번만. 이렇게라도 달콤함을 맛보지 않으면 세상은 너무 암흑 같으니까 오늘만, 오늘만, 하면서 먹는 기분. 그게 혹시 이유가 될 수 있을까?

나는 식탐에 비해 디저트 욕심은 없는 편이다. 코스요리에서 치즈는 먹을망정 특별히 마음에 드는 메뉴가 없다면 디저트는 자주 생략했고, 특히 단맛과 짠맛이 공존하는 아시아 요리를 먹고 난 뒤에는 디저트가 과연 필요한가 싶다. 5년 넘게 일했던 회사가 파리의 유명 마카롱 가게 바로 건너편에 있었는데도, 내 돈을 주고 먹어 본 적은 한 번도 없다. 그저 취향이라고 할 수도 있지만 가만히 들여다보면 이유가 있다. 디저트는 좋은 재료의 요리가 아니라는 편견과 먹어도 그만, 안 먹어도 그만인 부차적인 것이라는 생각 때문이다. 아기자기한 색감과 어여쁜 모양에 오늘 저녁 식탁 위에 가져다 놓고 싶은 마음이 간절하다가도 매장 앞에 늘어선 줄과 가격표를 보면서, 에이 어차피 잠깐의 달콤함일 텐데 그냥 참지 뭐, 하며 돌아서게 된다.

그런데 이렇게 써 놓고 보니 살짝 반성이 된다. 뭔가 중요한 것을 놓치고 있는 기분이다. 사는 일이 그렇지 않은가. 누구도 피할 수 없는, 생의 근간이 되는 일이 있는 반면, 해도 그만 안 해도 그만인 것들도 있다. 글렌 굴드를 들어도 듣지 않아도 살 수 있고, 사랑을 해도 하지 않아도 살 수 있다. 하지만 내 삶의 중요했던 순간은 모두 그런 부차적인 일들에서 탄생했다. 새로운 풍경을 만나고, 음악을 듣고, 잘 쓰인 글을 읽고, 사람에 매료되며 마음이 움직인 경험들이 내 인생을 만들었다.

욕망을 꾹 참고 넘기는 습관은 삶을 재미없게 만든다. 그러니 디저트를 먹어야겠다. 어차피 잠깐 감탄할 예쁨이고 금방 지나갈 달콤함이지만 참지 말고 내 걸로 만들어야겠다. 시간을 지체시킬 강렬한 순간들을 좀 더 만들지 않으면 인생이 더욱 무심하게 지나가 버릴 것 같다.

네 친구의 카브

한국에서 카페 창업이 성행이듯, 프랑스에서는 카브 창업이 한창이다. 파리 12구의 카브 '이시멤므'의 대표들을 만났다.

오늘의 메뉴. 카트린 베르나르의
내추럴 와인 라 카르보넬La Carbonnelle
장소. 파리 12구의 카브, 이시멤므
참석자. 네 명의 카비스트, 나

즐겨 보는 프랑스 TV 프로그램 중에 〈쿠오티디앙Quotidien〉이 있다. 매일 두 시간여 동안 생방송으로 진행되는 일종의 뉴스 풍자쇼다. 가벼운 분위기에 매우 진보적인 성향을 보여 주는데 젊은 층에 인기가 많아서 올랑드 전 대통령이 자주 소통의 창구로 이용했고, 마크롱 현 대통령도 다른 방송에서보다 자주 등장하는 편이다. 방송의 2부는 코믹한 코너들로 꾸며지는데, 매주 수요일에는 노라 암자위Nora Hamzawi라는 인기 개그우먼이 출연한다. 밸런타인데이, 결혼, 농업박람회, 바캉스 등 정해진 주제에 대해 아이들이 질문을 던지면 재치 넘치는 답을 주는 코너다. 그중 한참 화제가 됐던 편이 있다. 와인이 주제였는데 한 아이가 "카비스트(와인 판매자)가 뭔가요?" 질문을 던졌다. 노라 암자위는 이렇게 설명했다.

"카비스트는 일반적으로는 와인을 파는 사람을 말하는데, 파리에서, 특히 마레 지구에서는 직업을 변경한 사람들을 말해. 이를테면 이렇게 얘기하는 사람들이지. '나는 전에 홍보 마케팅 쪽에서 일했는데, 번아웃을 겪었어. 그쪽 사람들 너무 비인간적으로 일하거든. 더 이상 그렇게 살 수 없어서 카브를 열었어. 우리는 와인 양조장 사람들과 직접 소통하고 친하게 지내. 바이오다이나믹 와인°과 내추럴 와인°°에 관심이 많고, 좋은 와인을 추천해 줄 수 있어. 라클레트°°°를 먹는다고? 그럼 이 와인 어때? 잘 알려지지 않은 헝가리 와인인데, 끝내주거든!'"

°　포도밭의 대지와 나무 등 모든 요소를 천체의 리듬에 맞추어 관리하고, 전 과정의 윤리성을 중요하게 여기는 자연주의 양조법으로 만드는 와인
°°　화학성분을 사용하지 않고, 제조 과정에서 기계의 사용을 최소화한 와인. 일반 유기농 와인보다 훨씬 엄격하게 인공적인 과정을 배제한다.
°°°　raclette. 치즈를 녹여서 감자와 햄을 곁들여 먹는 프랑스 겨울 요리

이 방송분은 인터넷상에서 지금까지도 인기 동영상일 만큼, 많은 사람들(주로 파리 사람들이겠지만)의 공감과 웃음을 자아냈다. 우리 부부도 방송을 보며 함박 웃을 수밖에 없었다. 머릿속에 떠오른 동네의 카비스트가 한둘이 아니었기 때문이다. 그랬다. 언제부터인가 파리에는 유기농 내추럴 와인을 주로 취급하는 독립 카브(와인 판매점)들이 빠른 속도로 늘어났고, 주인은 대부분 다른 분야에 종사하던 고학력자들이었다. 우리 동네만 해도 대기업에서 임원까지 했다는 50대 여성분이 얼마 전 시장 앞에 카브를 열었고, 몇 해 전에는 네 명의 청년들이 갤러리를 겸한 카브를 열기도 했다.

이 방송을 계기로 문득 궁금해졌다. 금융계, 광고, 미디어같이 화려한 분야에 종사하던 사람들이 어떻게 와인에 관심을 두게 됐을까? 하던 일을 접고 새로운 인생을 설계할 만큼 그들이 느낀 와인의 매력은 무엇일까?

네 명의 청년이 모여 개업한 동네의 카브를 찾아 그들의 이야기를 들어 보았다.

시작은 클레르였다. 루브르 학교에서 미술사 석사를 마친 후 파리 마레 지구의 갤러리에서 일하던 클레르는 서른일곱 살이 되던 2012년, 마침내 때가 되었음을 느꼈다. 젊고 새로운 작가들을 발굴하고 소개할 수 있는 나만의 갤러리를 열겠다는 꿈을 더 이상 미룰 수 없었다.

문제는 파리의 임대료였다. 클레르는 고민 끝에 갤러리와 함께 수익을 낼 수 있는 다른 사업을 병행하기로 한다. 가장 먼저 떠올린 것은 레스토랑이었다. 가족들이 모두 레스토랑을 운영하고 있는 덕분에 가장 친숙한 분야였다. 하지만 현실을 들여다보면 엄두가 나지 않았다. 수익은 날지 몰라도, 레스토랑 운영에는 육체적, 정신적으로 엄청난 에너지가 필요해서 갤러리를 겸한 부업으로는 마땅치 않아 보였다. 그러다 문득 와인에만 집중하면 어떨까 하는 생각을 했다. 부모님의 영향으로 어릴 때부터 익숙한 문화이기도 했고, 언젠가 정식으로 배워 보면 좋겠다는 생각을 늘 하고 있었기 때문이다. 그 길로 일을 그만두고, 한 유명 요리학교의 와인 프로그램에 등록한다.

파비엔은 클레르의 루브르 학교 후배이자 직장 동료였다. 학창시절부터 뜻이 잘 맞았던 두 사람은 오래전부터 갤러리 프로젝트를 함께 꿈꿔 왔고 동업을 결심한다. 두 사람은 발품을 팔아 파리 시내 곳곳을 다니며 갤러리와 카브를 겸할 만한 장소를 물색한다. 카브까지 하려면 최소 두 배의 공간이 필요한 상황. 임대료와 자본금의 규모도 몇 배로 뛰었고, 마땅한 장소를 물색하기도 쉽지 않았다. 두 사람은 각각 한 명씩, 함께할 수 있는 친구들을 떠올린다. 베르트랑과 클로드였다.

네 사람 중 가장 나이가 많은 베르트랑은 파비엔 친구의 남편이다. 당시 베르트랑은 터키인 아내를 따라 8년째 이스탄불에 머물고 있었는데, 우연히 시작하게 된 와인 사업이 커져 직접 와인을 만들기까지 했다. 하지만 사회문화적으로 터키에서의 와인 사업은 한계가 있었고, 프랑스로 돌아와 사업을 이어가고 싶다는 생각이 들 때쯤 파비엔의 연락을 받았다고 한다. 그는 서둘러 파리로 돌아왔다.

클로드와 클레르는 와인 수업에서 만났다. 클로드는 네 사람 중 가장 어리지만, 그에게도 와인은 새로운 인생의 시작이었다. 나름 인재들이 모인다는 파리정치대학에서 석사까지 마쳤으나 마땅히 무엇을 해야 할지 몰라 오랫동안 방황했다고 한다. 좀 더 구체적이고 손에 잡히는 무언가를 갈망하고 있었다는 말에 다른 설명은 필요 없었다. 인문학, 사회과학 전공자에게 뚜렷한 길이 보이지 않는 시대인 것은 프랑스도 마찬가지고,

나 또한 오랫동안 비슷한 고민을 했으니까. 그는 언제나 관심이 많았던 와인을 배워 보기로 했고, 수업 과정에서 만난 클레르의 프로젝트에 참여하기로 한다.

네 명의 젊은이들이 운영하는 갤러리 겸 카브, '이시멤므(Ici-même, "바로 여기")'는 이런 과정을 거쳐 2013년 문을 열었다.

———— 갤러리 옆 카브. 예술과 와인 ————

유기농 와인, 소규모 생산 와인이 파리에서 돌풍을 일으키기 시작하던 때였다. 대형마트를 처음 경험했던 부모 세대가 정형화된 대규모 배급 와인과 맥주에 반색했다면, 프랑스의 현재 젊은 세대에게는 건강한 식생활이 중요했고, 재래시장, 직거래 상품과 함께 유기농 와인이 인기를 끌었다. 붐을 타고 동네에는 몇 년 사이에 크고 작은 카브가 서너 곳이나 새로 생겼다. '이시멤므'는 갤러리와 함께라는 점에서 특별했다. 끊임없이 사람들이 오가는 카브 구역에 비해 갤러리는 있는 듯 없는 듯 차분했는데 예술의 기운이 이끄는 공간은 무척 아늑하고 우아했다.

네 사람 중 와인에 대해서는 가장 아마추어에 가까운, 주로 갤러리 일을 맡아 하며 뒤늦게 와인의 세계에 입문한 파비엔은 이렇게 말한다.

"잘 몰랐던 세계지만 와인과 예술 사이에는 공통점이 많아요. 토양, 품종, 제조방식처럼 와인이 만들어지는 모든 요소들에는 만드는 사람의 철학이 담겨 있고, 그에 따라 다양한 세계가 펼쳐지니까요. 요즘엔 병에 붙이는 라벨도 개성을 담아 신경 써서 디자인을 해요. 와인의 맛을 보고 생각하고 토론하는 일은 마치 아티스트의 세계를 탐험하듯 즐겁습니다."

───── 각자의 취향, 각자의 와인 ─────

살아온 흔적이 다른 만큼 네 명의 친구들은 와인 취향도 매우 달랐다. 좋아하는 와인의 성격이 각자의 히스토리와 닮아 있다는 점이 재밌다.

클레어: 저는 생동감을 주는 와인이 좋아요. 보다 독창적인 세계를 지닌 와인이요. 오크통 나무 향이 강한 클래식 와인은 별로예요. 바이오 다이나믹 농법의 와인들은 기본적으로 자연친화적이기도 하지만, 예술적인 측면에서도 매력적이죠.

베르트랑: 저는 여전히 클래식한 와인에 애정이 있어요. 어느 정도의 견고함을 갖춘 와인이요. 내추럴 유기농 와인도 매력적이긴 하지만, 불균형성이나 유동성이 늘 신경 쓰여요. 이해하기 힘든 독창성이 불편할 때도 있고요.

파비엔: 저는 클레어와 비슷해요. 하나로 규정하기 힘든 와인, 뭔가 얘기를 걸어오는 와인, 자기 세계가 확실한 와인이 좋아요.

클로드: 저는 그 둘 사이예요. 기본적으로 완성도가 있는 잘 만든 와인이 좋아요.

베르트랑: 사실 완성도가 있는 와인들은 가격대가 높은데, 저는 가성비도 중요하다고 생각합니다. 품질이 아주 좋아도 가격이 너무 비싼 와인보다는 평균 이상의 맛이지만 가격도 합리적인 와인을 선호해요.

클레어: 저는 가격이 중요하다고 생각 안 해요. 와인은 하나의 예술작품인데, 가격으로 좋다, 나쁘다를 판단할 수 없죠.

여기까지 듣고 나니, 대부분의 의견이 베르트랑과 클레어를 기준으로 크게 두 가지 관점으로 나누어짐을 알 수 있었다. 아마도 직접 와인을 만들고 판매까지 해 봤던 베르트랑의 구체성과 상업적 감각, 예술작품을 이해하고 알리는 작업을 해 왔던 클레르의 감각의 차이일 것이다.

와인을 마시는 방법에 있어서 네 사람의 의견은 어떨까? 프랑스 와인은 여전히 음식과의 궁합이 중요할까?

베르트랑: 프랑스 와인이 음식과의 궁합을 중요하게 여기게 된 계기는 레스토랑의 역사에서 찾을 수 있어요. 프랑스 음식문화는 레스토랑과 함께 발달해 왔고, 전통적으로 레스토랑에는 늘 소믈리에가 있죠. 때문에 함께 먹는 음식과 잘 맞는 와인을 찾는 일이 중요하다는 생각이 자연스럽게 자리 잡았는데, 요즘 사람들은 굳이 음식에 와인을 맞추지는 않는 것 같아요.

클레어: 젊은 사람들일수록 더 그런 것 같아요. 요즘엔 와인을 얘기하면서 굳이 무엇을 먹어야 한다거나 맞춰야 한다고 하지 않죠. 와인 하나만을 즐기는 사람들이 많아요.

나만 해도 와인을 고를 때 음식과의 궁합을 당연하게 생각했는데, 점점 와인만의 즐거움을 생각하는 사람들이 많아진다니 새로웠다. 어쩌면 음식과의 궁합을 미리 견주기에 너무 유동적이고 개성이 강한 내추럴 와인의 유행 때문일 수도 있겠다.

───── 토론하는 와인 ─────

주관도 강하고 개성도 너무나 다른 네 명의 동업자다. 이들은 거의 모든 결정을 함께한다. 네 명이 늘 나와 있을 필요는 없다보니, 모두가 같은 시간에 출근해 있는 일은 한 주에 한 번 점심때뿐이고, 보통은 각자의 스케줄에 따라 두 명씩만 근무한다. 가족 간에도 동업은 힘들다는데 혹시 경영에 불편함이 있지는 않을까 싶지만, 그들은 그렇기 때문에 온종일 문자를 주고받느라 전화기가 쉴 틈이 없다며 웃는다.

　모든 다름에도 불구하고 서로가 늘 고맙고 소중한 이유는 일하는 시간에 비해 만족할 만한 매출이 나오는 현재 상황에 있지 않을까? 나의 속물스러운 추측이다.

　제2의 인생이 아주 근사하다고, 사업의 성격과 네 명의 조합이 정말 잘 어울린다는 내 말에 가장 연장자인 베르트랑은 웃으며 말했다.

"제2의 인생이요? 나는 벌써 제4의, 어쩌면 제5의 인생쯤 되는 것 같은데요?"

그러자 가장 젊은 클로드가 받아쳤다.

"저도 이제 곧 제3의 인생을 시작할지 몰라요. 내겐 또 다른 꿈이 있거든요"

제2의 삶이 있다면, 제5의, 제6의 삶은 또 왜 없겠는가? 유동적인 와인처럼, 토론하며 변화해 가는 그들의 카브처럼, 인생도 생각하기에 따라 몇 번이고 새로운 시작이 있을 수 있는데. 어쩌면 이번 생은 아직 망하지 않은 것일 수도 있다.

04

모두를 위한 식탁

이제껏 하나인 적 없었던 두 가지를 합쳐 보라.
그러면 세상이 변한다. 사람들이 그 순간을 미처 깨닫지 못할 수도 있지만
그건 중요치 않다. 그럼에도 세상은 달라졌기 때문이다.

／ 줄리언 반스, 《사랑은 그렇게 끝나지 않는다》에서

콩비비알리테

'불편한 같이'보다 '마음 편한 혼자'가 좋다.
그렇더라도 '서로가 편한 같이'를 위해 노력하고 싶다.

오늘의 메뉴. 여러 명이 나눠 먹어야 하는
돼지고기 파테
장소. 파리 7구의 유명 레스토랑
참석자. 커다란 테이블에 모여 앉은 서로
모르는 사람들

20대까지만 해도 그랬다. "저 사람이랑은 같이 밥 먹기 싫은데"
혹은 "우리 진짜 밥 한번 같이 먹어요!"라는 말을 들으면 의아했
다. 매일 최소 두 번은 먹는 밥인데 그거 한번 같이 먹는 게 뭐
그리 대수라고 같이 먹기 싫다거나 꼭 같이 먹자거나 하며 의미
를 부여할까? 어차피 밥을 먹는 일도 영화를 보는 일처럼 결국

엔 각자 하는 일이 아닌가? 무엇을 먹느냐가 중요하지 누구와 먹는지가 뭐 그리 중요한가!

지금은 생각이 많이 달라졌다. 무엇을 먹느냐보다 누구와 먹느냐가 절대적으로 중요해졌다. 싫은 사람과는 어떤 산해진미가 눈앞에 있어도 식사가 반갑지 않다. 웬만큼 편한 사이가 아니면 되도록 차나 커피로 끝내지, 식사를 하거나 술을 마시는 일은 최선을 다해 피한다. 앞에 누가 앉아 있건 음식 앞에서 나만의 무아지경에 빠질 수 있다면 세상살이가 참 편하련만, 불편한 사람을 앞에 두고서는 무엇을 먹어도 재미가 없다. 나이가 들수록 한 끼 한 끼가 중요해지는 것도 이유고, 불편한 사람이 늘어나는 것도 이유다.

레스토랑이 떠나가도록 쩝쩝 소리를 내며 혼자만 맛있게 먹는 사람, 남의 접시에 간섭하는 사람, 일방적으로 자기 말만 늘어놓는 사람은 불편하다. 그러다 보니 매해 줄어드는 것은 친구요, 늘어나는 것은 적이지만, 다들 그런 거 아니야? 생각해 왔다. 이를 나이가 들면서 자연스럽게 터득한 자기보호의 기술이고, 식탐의 얄팍한 유혹에 넘어가지 않게 된 성숙함이라고 여겼다. 그런데 최근 이 믿음에 의심이 생기면서 스스로를 돌아보게 되었다.

계기가 있었다. 얼마 전에 우연히 읽은《프랑스의 미식문화》라는 책이다. 프랑스의 '가스트로노미'가 유네스코 세계유산에 등재된 것을 기념하여 프랑스 정부가 업계의 전문가들을 모아 책을 냈다. 프랑스 요리의 우수성을 자랑해 놓은 교과서적인 책이겠거니 짐작하면서 몇 장을 넘겨 읽다가 잠시 멈칫했다. 첫 장의 제목이 너무 뜻밖이었다.

책의 첫 장은 "La Convivialité"라는 제목을 달고 있었다. 콩비비알리테, 사전에는 뜻이 "잔치, 공생"이라고 재미없게 나와 있지만 실제로는 "떠들썩한 식사 분위기", "여럿이서 어울리는 화기애애한 분위기"를 의미한다. 여기에서 방점은 "여럿이"와 "떠들썩"에 있다. 프랑스식 식사, 특히 고급 요리, 즉 가스트로노미라면 미슐랭 별이 몇 개씩 달린 레스토랑에서 점잖게 차려입은 사람들이 접시에 나이프 스치는 소리 한 번 내지 않고 조용히 식사하는 장면이 연상된다. 그런데 프랑스 미식의 가장 큰 특징이 듣기만 해도 머릿속이 떠들썩해지는 콩비비알리테에 있다니 흥미로웠다.

프랑스식 식사를 설명하는 데 있어 콩비비알리테를 주목해서 처음 언급한 이는 브리야사바랭이라고 한다. 그는 1826년 발간된《미식의 생리학》에서 "미식은 매일매일 다양한 상황의 사람들을 하나로 모으고 대화에 활기를 주며 구조적인 차별을 순화시키는 사회적 결속의 요인 중 하나"라고 썼다. 미식의 관점을 음식뿐 아니라 소비하고 즐기는 환경에까지 가져온 것이다. 일상의 쾌락을 즐기고 추구했던 루이 15세 이후로 프랑스인들이 이 단어를 자주 사용했을 것이라고 이 책은 추정하고 있다. 무엇보다 이 시절부터 파티와 연회 등 식사에서 상하 계급을 없애고 평등을 추구하려는 노력을 했다니 놀라웠다. 물론 왕의 식탁에 함께할 수 있는 사람들은 정해져 있었겠지만, 그 안에서라도 신분의 차이를 지우기 위해 애를 썼다는 사실이 새삼스럽게 다가온다.

역사학자들은 부르주아식 까다로운 식사 에티켓과 코드가 식탁에 화기애애함을 더하기 위한 장치로 기능했을 것이라고 이야기한다. 함께 식사하는 모두의 시각과 후각과 청각을 존중하고 다 같이 즐기기 위해 다양한 식사예절을 만들고 지켰다는 것이다. 식탁 위의 포크와 나이프, 빵과 와인잔의 위치 등 작은 규칙부터 손님일 때와 호스트일 때 달라지는 대화의 예절, 몸짓에 대한 에티켓까지 복잡하게 외워야 하는 것이 너무 많아서 나로서는 그 모든 게 부르주아 문화의 얄미운 '구분 짓기'일 뿐이라고 생각해 왔다. 가만 따져 보면 식사에 참석한 모두가 동등하게 즐기기 위해서는 규칙이 필요할 법도 하다. 나만 해도 같이 먹는 사람들이 (내 기준에) 좀 무례한 듯해서 함께 먹기 자체에 회의가 든 적이 있다.

이렇게 보면 콩비비알리테 개념이 프랑스 음식문화를 발전시키는 핵심가치였다는 사실이 꽤 설득력 있게 들린다. 하지만 다 같이 즐기는 것에 방점을 둔 식사문화는 프랑스만의 유산인가? 다른 문화권에서도 식사문화는 비슷한 가치를 중심으로 발전해 오지 않았을까?

사회학자 장피에르 코르보는 먹는 행위를 크게 두 가지로 구분한다.° 우선은 생물학적인 의미로, 사회적 의식이 없는 개인적이고 폐쇄적인 방식의 음식 소비다. 배 채우기와 고통 줄이기를 목적으로 하는 식사로, 영미권에서 식사는 대체로 여기에 해당한다고 한다. 또 다른 하나는 먹는 행위에서 발견, 소통과 같은 의미를 찾는 방식이다. 주변 세계를 발견하고, 자연과 인간 기술이 만나는 연결고리로 식사를 인식하는 것이다. 대부분의 프랑스인들이 음식과 맺고 있는 관계가 이에 속한다고 한다. 첫 번째 소개한 영미권의 모델이 닫혀 있고 개인적이라면, 두 번째 방식은 열려 있고, 소통 지향적이라는 것인데, 이건 너무 자국문화 예찬이지 않나. 하지만 여러 사회학 연구가 프랑스 사람들에게서 공통적으로 발견하는 경향이 바로 일상적이지 않은 공간에서 더 다양한 사람과 함께 식사하려는 욕구다. 대부분

° Jean-Pierre Corbeau, "Le Gout du Partage(나눔의 맛)," *Le Repas Gastronomique des Français*(프랑스의 미식문화), Gallimard, 2015, p.17

의 사람들이 식사를 사회적 활동으로 인식하고 있다는 것이다.

프랑스의 일부 고급 레스토랑은 1인 테이블 예약을 받지 않는다. 유명인이 많이 방문한다는 파리 7구의 이름난 어느 레스토랑은 열 명이 넘는 사람들이 중앙에 놓인 하나의 식탁에 둥그렇게 둘러앉아 식사를 하는 구조다. 모르는 사람이라도 곁에 앉아 식사를 할 수밖에 없도록, 서로의 대화가 들리도록, 자연스럽게 눈이 마주치도록, 원한다면 언제든 이야기를 나누도록 공간 배치를 해 놓았다. 나도 그 커다란 식탁에 합류해서 식사를 하며 이웃 손님들과 서로가 먹는 음식이 무엇인지, 어떤 디저트가 훌륭한지 대화를 나눈 기억이 있다.

일본의 에세이 작가 후쿠다 가즈야는 《나 홀로 미식수업》에서 프랑스 음식문화의 이러한 특징을 포착한다.

실제로 프렌치 요리는 개인이 고독한 자신과 대면하도록 구성돼 있지는 않습니다. 격식 있는 프렌치 레스토랑이라면 더욱 그렇지요. 제대로 된 프렌치 레스토랑이라면 둘 이상이 각자 다른 메뉴를 주문하더라도 상대방의 접시에서 서로의 관계성을 느낄 수 있습니다. 나아가 요즘은 한 명의 손님이 아니라 세 명 이상 친근한 분위기를 느낄 수 있도록 연출을 해 놓습니다. 커플을 주요 고객으로 삼는

건 미국과 일본뿐입니다.°

프랑스는 여전히 다른 나라에 비해 여러 명이 모여 오랫동안 '나누는' 식사를 즐기고, 식사 위주로 사회적 관계를 만들고 있다. 영미권에 비해 프랑스 사람들이 '많이 먹으면서도 살찌지 않는 이유'는 천천히 먹고, 오래 먹고, 이야기를 많이 나누고, 많이 마시는 식문화에서 찾을 수 있다는 분석도 있다. 내가 '불편한 같이'보다는 '마음 편한 혼자'를 더 즐기게 되면서 군살도 함께 늘었던 데는 이런 이유가 있었나 보다.

아무리 날씬해지는 비결이 그 안에 있다고 하더라도 무조건 여럿이 함께하는 식사가 혼자 하는 식사보다 낫다고 생각지는 않는다. 함께하며 스트레스 받고 괜히 머릿속 복잡해지는 식사보다는 조용하고 평화로운 나만의 식사가 훨씬 매력적이다. 그럼에도 작은 일이라도 마음과 생각을 펼쳐 보이고 세계와 소통하는 방식의 삶이 훨씬 건강하다는 사실은 부인할 수 없다. 마음 편히 함께 식사도 할 수 있는 관계가 어느 시점을 기준으로 늘지 않고 있음을 생각하면 살짝 위기감이 느껴지기도 한다.

도대체 함께하는 식사는 왜 이렇게 특별하고 어려운 일이

° 후쿠다 가즈야 지음, 박현미 옮김, 《나 홀로 미식수업》, MY, 2015, 31쪽

됐을까? 내게도 식사는 그저 위장을 채우는 일이 아니기 때문일 것이다. 좋은 식사는 함께 먹는 상대와 생각을 나누고 마음을 열어 보여야 이룰 수 있음을 의식하기 때문일 것이다. 같이 밥 한 끼 먹는 게 뭐 그리 대수냐고 생각했던 20대의 나는 지금보다 훨씬 열려 있었고, 편견 없이 세상을 대하고 있었는지도 모르겠다.

어쩌면 문제는 예의와 존중이라고 볼 수도 있다. 프랑스에서 식사문화가 발달했다는 사실은 예의와 존중에 관심을 기울인다는 의미이기도 하지 않을까? 식탁 위의 규율은 결국 서로를 존중하고 배려하는 '기술'이었으니까 말이다. 그런 기술이 자연스럽게 몸에 배어 서로 불편할 일이 없다면, 그렇게 소통하는 식탁은 혼자 먹는 평화와는 비할 바 아닌 커다란 즐거움일 것이다.

함께 먹기의 프랑스식 기술

사전 편찬으로 유서 깊은 프랑스 출판사 라루스Larousse는 최근, 일상의 에티켓과 예의범절에 대한 책자를 시리즈로 출판했다. 60페이지 정도의 얇은 소책자에는 첫 데이트 예절, 층간 소음을 최소화하는 법, 선물 고르는 법, 초대받았을 때의 시간 예절부터 대화법까지 시시콜콜한 내용들이 담겨 있다.

"저와 제 아내"라고 말하기보다는 늘 배우자를 앞에 두어 "제 아내와 저"라고 말해야 하고, 용건도 없이 "나는 극장에 가는데 너는 뭐 하니?"라는 식으로 전화를 거는 일은 실례이며, 점심식사에서는 모자를 쓰고 있어도 되지만, 저녁식사에서는 모자를 벗는 것이 좋다는 내용 등을 처음 읽었을 때는 이 책이 혹시 일종의 농담이 아닐까 싶었다. 이런 것들을 누군가 "이래야 한다"고 정해 준다는 게 믿기지 않았기 때문이다. 옛 귀족문화를 비꼬기 위한 글일까 한참을 들여다보는데 그게 아니었다. 매우 진지하게 집필된 책이었다. 그제야 생각이 바뀌었다. 어쩌면 사람들은 다시 배우고 싶어 할 수도 있겠다고. 어긴다고 해서 누가 잡아가지는 않지만, "바람직한 사회인", "예의바른 사람"이라는 평판을 위해 필요한 예의와 코드를 말이다. 어린 시절 예절교육의 향수에 젖어서, 스스로도 챙기지 않고 있는 에티켓을 다 잡고 싶은 마음에 기대어.

책에 수록된 몇 가지 흥미로운 내용들을 소개한다.

식사 예절°

— 음식을 먹고 씹을 때에는 입을 꼭 다물고, 음식을 들이마시는 소리를 내지 말라. 입안에 음식물을 가득 넣고 이야기하지 말고, 헛기침을 하지 말라.

— 소스를 먹기 위해 접시를 빵 쪽으로 기울이지 말라. 음식이 나올 때마다, 음료를 마시는 전후로 입술을 닦자.

— 음식은 작게 혹은 중간 크기로 잘 썰고, 입에 있는 음식을 다 먹고 난 뒤에 다음 조각을 먹는다.

— 음식을 식힌다고 후후 불지 않는다. 입을 데었다면, 빵을 먹으면서 아픔이 가라앉기를 기다린다.

° Sabine Denuelle, *Pourquoi Place-t-On la Fourchette à Gauche et le Couteau à Droite*(왜 포크는 왼쪽에, 나이프는 오른쪽에 놓을까)?, 2014, p.46

대화의 기술[○]

좋은 태도

— 호스트는 손님들을 과장 없이 드높여 줘야 한다. 각 손님의
장점과 재능을 앞세워 이야기하라.

— 첫 번째 요리가 나왔을 땐 오른쪽 사람, 그다음 요리에서는
왼쪽 사람과 이야기하라. 그리고 디저트를 먹을 땐 대화상
대를 선택해도 좋다. 옆 사람 중 한 명을 식사 내내 등지고
있는 일은 피해야 한다.

— 호스트는 손님 중 한 명이 화제를 몰아가거나 혼자서만 떠
드는 상황을 막아야 한다. 암을 고칠 수 있는 특효약을 발
견한 사람이 아니라면.

피해야 할 화제

— 서로 다른 의견으로 불화를 촉진할 수 있는 정치 문제나 각
자의 상황에 따라 예민해질 수 있는 돈 문제는 프랑스에서
꺼리는 화제다.

— 테이블 위에서 벌어지는 험담을 멀리하자. 화제에 오르내

○   Alix Baboin-Jaubert, *Bonnes Manières et Politesse*(좋은 매너와 예절),
2015, p.30

리는 당사자의 가장 친한 친구가 그 자리에 있을 수도 있다! 24시간 안에 퍼져 나갈 것이다.

— 벨기에, 스코틀랜드 사람들을 놀리는 농담이나 유태인, 금발 여성에 대한 유머도 피하자!

— 건강에 관한 이야기들, 출산 경험이나 소화불량도 그다지 좋은 화제는 아니다.

냉장고의 이중성

〈냉장고를 부탁해〉와 〈톱 셰프〉를 보며 궁금해졌다.
왜 냉장고는 평생 남성 본인의 것이 되지 못하는가,
왜 여성 셰프는 이다지도 적은가.

오늘의 메뉴. 고향집 노모가 보내 주신
눈물의 고춧가루를 넣고 끓인 국밥
장소. TV 속 〈냉장고를 부탁해〉
참석자. 50대 초반의 남자배우
그리고 셰프들과 진행자

최근 프랑스 넷플릭스에는 프랑스어 자막을 입힌 한국 방송 프로그램들이 자주 올라온다. 한국어 못하는 남편과 한국 방송을 함께 볼 수 있다니, 격세지감을 느끼는 한편으로 혼자 볼 때는 그냥 넘겼을 부분들을 예민하게 발견하게 된다. 그 과정에서 웃을 수도 울 수도 없는 서글픈 설명을 해야 할 때가 있는데, 요리

예능 프로그램 〈냉장고를 부탁해〉를 보면서도 그랬다.

유명 남자배우가 게스트로 나왔다. 그의 부인 또한 잘 알려진 배우였는데, 그래서였을까? 진행자들은 유독 그의 아내에게 관심이 많았다. "아내분께서 요리를 잘하시나요?" "그렇다면 기대되네요" 같은 말들이 자연스럽게 이어지며 자리에 없는 그의 아내를 평가하는 상황이 됐다. 곧이어 남자배우는 왜인지 민망한 표정을 지으며 실은 아내가 이 방송을 위해 급하게 냉장고를 청소하고 장을 봤다고 고백했고, 셰프와 진행자 들은 기다렸다는 듯 박장대소했다. 아내인 여배우를 놀리는 분위기가 연출되자 옆에서 남편이 물었다.

"저 집은 냉장고를 두 개 쓰나? 아내 냉장고를 가지고 나왔나 보네? 저 사람 냉장고는 언제 나와?"

무슨 말인가 잠시 어리둥절하다가 깨달았다. 냉장고 청소부터 장보기까지, 냉장고와 관련된 모든 주체로 자리에도 없는 사람을 가리키고 있으니 자연스럽게 아내 혼자 쓰는 냉장고인가 보다고 남편은 짐작했던 것이다.

"아직도 집안일은 당연히 여성의 몫이라고 생각하는 사람들이라 그렇지."

남편은 놀라워하며 답했다.

"프랑스에도 그런 사람들이 있긴 하지만 저렇게 방송에서 생각 없이 드러내지는 않는데."

프로그램 속 사고방식을 이해하고 난 뒤에도 남편이 놀랄 일은 계속됐다. 50대 초반의 남자배우가 게스트로 나온 편이었다. 중년의 남자배우는 자기 집 냉장고에 어머니의 반찬과 아내의 반찬이 반반 있는데, 아내의 반찬이 어머니 것에 비해 한참 맛이 없다며 "50년 넘게 어머니가 해 주시는 음식을 먹다 보니 입맛이 변하지가 않네요" 했다. 우리 부부는 그저 말없이 탄식하고 말았는데, 중년 배우의 아내가 만든 반찬을 맛본 진행자는 급기야 카메라를 보며 이렇게 소리쳤다. "며느리가 이렇게 잘해 내고 있습니다. 걱정하지 마십시오, 어머니~!" 화면 속 모든 셰프들이 약속이나 한 듯 열렬히 박수를 치자 남편이 믿을 수 없다는 듯 눈을 치켜뜨며 말했다.

"지금 다 같이 칭찬하는 거야?"

거의 "이거 실화냐?"의 말투였다.

본인과 똑같이 배우로 활동 중인 아내가 냉장고의 상태로 평가받는 광경에 남자배우는 과연 아무런 불편함을 느끼지 못했을까? 마흔이 훌쩍 넘은 남자에게 하는 "남자 혼자 사는 집 냉장고치고 깨끗하네요, 어머니가 청소해 주시나요?" 같은 질문은 우리 부부에게만 이상할까? 도대체 냉장고가 뭐길래, 장을 보고 밥을 해 먹는 일이 뭐길래, 이렇게도 늘 여성이 필요하다는 말인가? 왜 냉장고는 평생 남성 본인의 것이 되지 못하는가?

그런 사고방식에서 보자면 더 궁금해진다. 요리는 여성의 일이라는 프로그램에서 정작 셰프들은 왜 죄다 남성일까? 급여가 지불되지 않는 가정요리는 여자들이 해야 마땅하고, 돈을 받으면서 하는 수준 높은 요리는 남자들만이 해낼 수 있다는 사고방식인가? 한국 여성들 중에는 셰프가 없나? 그럴 리가 없다. 프랑스의 유명 요리학교에만 가 봐도 알 수 있다. 실력을 인정받는 한국 여성이 얼마나 많은지. 그들은 한국으로 돌아가서 왜 셰프가 되지 못했을까?

프랑스 요리 예능도 그리 좋은 형편은 아니다. 우리 부부가 꾸준히 시청하고 있는 〈톱 셰프〉가 그렇다. 〈톱 셰프〉는 엄격한 심사를 거쳐 본선에 오른 전국의(프랑스의 경우 벨기에까지) 요리사들이 매회 주어진 주제로 대결을 펼치는 예능 프로그램이다. 마지막 우승자는 레스토랑을 열 수 있는 상금을 받는다.

프랑스판 〈톱 셰프〉의 경우, 여성 셰프가 등장하기는 한다. 그런데 한 시즌에 등장하는 심사위원 네 명 중 여성은 매번 한 명뿐이다. 지난 아홉 번의 시즌 동안 등장한 여덟 명의 심사위원 중 여성은 두 명이었다. 시즌 1부터 8년이 흐르는 동안 매번 여성 셰프가 단 한 명뿐이었다는 사실에서 최소한으로만 성평등의식을 반영하겠다는 어떤 의무감이 느껴진다.

프로그램에서 여성 셰프가 담당하는 역할도 전형적이다. 다른 남성 셰프들이 쿨한 아버지나 권위적인 형(오빠)의 캐릭터라면, 여성 심사위원 셰프에게는 모두를 자상하게 감싸 안는 엄마 캐릭터를 부여한다. 그리고 또 한 가지. 너무나 빈번하게 등장하는, 들을 때마다 남편과 한숨을 쉬는 표현이 있다. "여자들이 좋아할 만한 요리"라는 말이다. 우리나라에서는 이런 멘트가 양식이나 가벼운 요리를 표현할 때 나온다. 프랑스 방송에서는 주로 여성 셰프들의 요리를 설명하면서 "여성적인 요리"라는 문구를 사용한다. 서양식 요리가 여자들의 입맛이라는 데는 무슨 근거가 있을까? 플레이팅 스타일과 성별은 무슨 상관이 있을까?

넷플릭스의 다큐멘터리 《셰프의 테이블》에는 일본계 미국인 여성 셰프인 니키 나카야마Niki Nakayama 편이 있다. 니키 나카야마는 LA에서 모던 가이세키 요리(일본의 전통 코스요리인 가이세키를 셰프의 방식으로 새롭게 해석한 요리)로 고급 레스토랑을 운영하면서 평론가와 대중의 지지를 고루 얻고 있다.

어느 날 거물 셰프가 니키 나카야마의 레스토랑에 왔다. 식사를 하고서 너무나 흡족해하던 그는 셰프가 여성이라는 종업원의 설명을 듣고 이렇게 말했다.

"오, 정말 귀엽네요. 여성의 요리를 했군요. 사랑스럽지 않습니까?"

이에 니키 나카야마는 분노했다.

"내가 여성인 것이 이 일을 하는 데 있어 문제가 아니길 바라요. 하지만 문제가 되죠. (중략) 사람들은 나를 보며 셰프라고 여기지 않아요. 내가 무엇을 하고 있는지 스스로도 잘 모를 거라고 생각하죠. 그래서 우리 식당은 누가 요리를 하는지 볼 수 없도록 만들었어요. 사람들이 음식에 더 집중할 수 있도록."

그 후로 손님들은 니키 나카야마가 요리하는 모습을 볼 수 없었다. 주방이 가려졌기 때문이다. 개인적으로는 '그럼에도 불구하고' 대중이 익숙해지도록 유명 여성 셰프들이 모습을 더 드러내주면 좋겠다는 아쉬움도 생기지만, 개인적인 욕심일 뿐이다. 나도 그 입장이라면, 특히 경영인의 입장이기도 하다면 어떤 결정을 내렸을지 자신할 수 없다.

한 조사결과에 따르면 프랑스 요식업계의 요리사 중 25퍼센트만이 여성이고, 그중 10퍼센트만이 고급 레스토랑에서 일하고 있다.° 또한 전 세계 미슐랭 스타 레스토랑 셰프 2,650명 중

° 　L'Ecole, des Finances, de l'Action et des Comptes Publics, "La Fête de la Gastronomie Devient Goût de France(가스트로노미의 향연이 프랑스의 맛이 되다)," www.economie.gouv.fr

여성은 5퍼센트가 되지 않으며, 별을 세 개 받은 여성 셰프는 총 다섯 명뿐이다.°

책 《프랑스 미식 담론의 역사》를 쓰기도 했던 역사학자 파스칼 오리는 요식업계의 여성 배척 문화에 문제를 제기하며 이렇게 말한다.

> (이에 대해) 오랫동안 남자들은 준비된 대답만을 내놓았다. 요리는 고된 일이기 때문이라고. 오늘날 요리와 조리 도구의 기술적 발전 앞에서 남성우월적 견해는 무의미해진다.°°

파스칼 오리의 글을 읽고 또 궁금해졌다. 그토록 고된 일이라서 여성은 할 수 없다는데 왜 한국의 대중식당 주방에는 "이모님"들이 그리 많을까? 집에 있을 땐(무료일 땐) 여성에게 맡기고 싶고, 밖에 있을 땐(유료일 땐) 남성에게 맡기고 싶은 냉장고와 주방의 이중성이라니. 도구의 기술적 발전 덕분이 아니더라도, 이제는 남성도 여성도 요리를 둘러싼 가치관의 모순을 깨달아야 하는 시기가 아닐까.

° Vérane Frédiani, *À la Recherche des Femmes Chefs*(여성 셰프를 찾아서), 2016

°° Pascal Ory, "Femme en cuisine(주방에서의 여성)," *On Va Déguster*(한번 먹어 보겠습니다), Marabout, 2017

수평적 식탁

시부모님부터 사돈댁까지, 다양한 직업과 연령의 구성원들이
연일 다 같이 모여 함께 식사하는 크리스마스 풍경

오늘의 메뉴. 아침 어시장에서 공수해 온
생굴과 해산물

장소. 남편의 형네 집

참석자. 나와 남편, 시부모님, 남편의
형 부부, 남편 형수의 부모님, 남편 형수의
언니 부부와 아이들

프랑스에서는 크리스마스가 우리나라의 추석이나 설처럼 가족
들이 만나는 큰 명절이다. 이곳에 친정이 없는 나는 가능한 시
댁에서 크리스마스를 보내 왔는데, 몇 해 전 시조카가 태어나면
서 모이는 가족의 규모가 두 배로 커졌다. 아이의 부모인 남편
의 형 부부를 중심으로 양가 조부모들이 며칠씩 나누어 손자를

보는 대신 다 같이 명절을 지내기로 했고, 여기에 남편 형수의 언니 부부와 그 쌍둥이 아이들까지 합류했다. 이 언니는 시부모님이 얼마 전에 모두 돌아가셔서 마땅히 찾아갈 시댁이 없었다. 이렇게 최근 크리스마스는 우리 부부, 시부모님, 남편의 형 부부, 남편 형수의 언니 부부, 남편 형수네 부모님까지 열 명의 어른에 세 명의 아이가 모두 모여 함께 보내고 있다.

아무리 좋은 관계로 지낸다고 해도 시댁의 사돈 식구까지 모두 편할 수는 없고, 매해 한 가정이 모든 가족을 다 초대할 수는 없었다. 그래서 우리는 한 해씩 돌아가며 파리, 니스, 보르도, 브르타뉴 등 각자의 지역에 서로를 초대하는 방식을 취하고, 그해의 지역이 정해지면 각자 알아서 근처에 아파트를 빌리거나 했다. 작년에는 남편의 형 부부가 사는 보르도에서 모든 가족들이 모였다.

식사는 명절의 꽃이지만 또한 명절 최대의 스트레스기도 하다. 프랑스에서도 그렇다. 크리스마스 가족식사 동안 혹시 말다툼이 일어날까 봐 두렵다는 프랑스인이 40퍼센트에 달한다는 통계도 있다.° 그 시기가 되면 방송 뉴스나 신문에는 "가족식사 중에 피해야 할 열 가지 화제" 혹은 "크리스마스 가족식사를 망

° "Réveillon de Nöel: un Repas de Famille, Parfois à Risque (크리스마스 만찬: 때로는 위험한 가족식사)," *LCI*(Dec 22, 2016)

치지 않는 비법"같은 제목의 기사들이 쏟아진다. 답은 늘 비슷하다. "정치 이야기는 피할 것!" 이 나라에서 가족 간 불화는 대부분 정치적 견해의 불일치에서 기인한다. 매일 프라임 방송 시간대는 정치 토론 프로그램이 장악하고, 거리에서 여배우보다 정치인이 지나가는 것에 더 큰 반응을 보내는, 프랑스는 그야말로 정치의 왕국이다.

크리스마스 시즌이 다가오면서 나 또한 내심 불안해졌다. 이틀에 한 번 정도의 저녁식사를 모두가 함께하기로 예정된 상황에서 열 명의 정치 성향을 떠올려 봤다. 그동안 파악한 바로는 프랑스 정치판의 스펙트럼을 이루고 있다 할 정도로 성향이 매우 다양하다. 좌파에서 우파까지, 사안에 따라서는 살짝 양극단에 서 있다고 할 만한 사람들도 있으며, 다들 정치에 관심이 많고, 무엇보다 토론을 두려워하지 않는다! 게다가 성격도 각기 너무 다르다. 웬만하면 상대방의 의견에 맞춰 주고 고개를 끄덕이며 아주 필요한 순간에만 주관을 밝히는 나의 시댁어른들과 달리 사돈어른들은 어느 장소에서든 등장부터 퇴장의 순간까지 늘 시끌벅적했고, 어떤 사안에 대해서든 목소리를 높였다. 이런 궁합은 가끔 만날 땐 괜찮을 수 있어도, 며칠이 지속되면 서로를 이해할 수 없어 불만이 쌓이지 않을까? 지는 건 못 참는 남편의 형과 그의 형수는 다툼 없이 대화를 이어 갈 수 있을까? 직업도 예술가부터 공무원, 전문직, 회사원, 사업가, 가정주부까지 다양하고 전공은 인문계와 이공계가 골고루이면서, 자기표현에 거침없는 이들이 함께하는 식사는 과연 어떤 모양일까? 누구의 마음도 상하지 않고, 누구도 목소리를 높이지 않고 한 주의 식사를 마무리할 수 있을까? 나는 머릿속으로 각종 상황과 화제를 상상하며 혼자서 흥분하고 긴장했다.

결론적으로 그들 모두와 함께하는 식사는 대부분 즐거웠다. 우선 매번의 식사 준비가 모든 구성원들의 노력으로 이루어졌다는 사실이 가장 근본적인 비결이었으리라. 그날 저녁의 식사에 모두 함께하기로 정해지면 메뉴를 주요 멤버들, 각 부모님과 호스트 부부가 상의해 결정하고 모두에게 알려준다. 그 후에 디저트는 어떻게 할지, 와인은 어떤 것으로 누가 준비할지, 요리에 필요한 재료는 누가 맡아서 장을 볼지 자발적으로 나서서 통보하기도 하고 또 통보받기도 하면서 각자 할 수 있는 대로 참여하는 식이었다. 그렇게 되니, 식사를 하는 모두에게는 자연스럽게 주인의식이 생겼고, 서로의 취향과 솜씨를 칭찬하면서 화젯거리가 풍부해졌다.

음식이 대화의 주제가 되면 식사에 집중하게 된다. 누군가 여기에는 버터보다는 확실히 올리브유가 더 어울린다고 말하면, 과연 그런지 생각하게 되고, 누군가 전식과 곁들인 화이트

와인에 대해 어제 와인보다 별로라고 말하면 또 그런가 하며 신경을 쓰게 된다. 대화도 즐거웠다. 가족들은 음식과 요리, 이에 어울리는 와인을 고민하고 결정하면서 점점 다른 이의 입맛과 취향에 귀를 기울였다. 나이의 많고 적음을 떠나 조금씩 상대의 말에 귀를 기울이고 동등한 눈높이로 대화하는 자세가 생겨났다. 개인적인 이야기를 묻고 답하기는 부담스럽고, 공통의 화제가 그다지 없는 상황에서 특히 음식은 가장 무난하고 고마운 화제였다.

보수적인 남편의 사돈어른이(내게는 시댁의 사돈이라는 어려운 관계!) 이민자들이 가져오는 프랑스 사회의 위기를 이야기하며 내게 "모든 이민자들이 아시아 사람들만 같다면 얼마나 좋겠어요? 큰소리 내지 않고 있는 듯 없는 듯 평화롭게"라고 말씀하셨을 때, 이미 마음이 너무 열린 나머지 입도 쉽게 열려서 "없는 것처럼 가만히 있어야 봐 주겠다는 말씀인가요?" 하고 발끈하고 말았다. 친정집 같았으면 엄마가 복화술로 가만 있어라 주의를 주고 누군가는 헛기침을 했겠지만, 그 식탁에서는 누구도 불편해하지 않았다. 그의 큰딸은 "아빠, 그건 인종주의적인 발언이에요!" 항변했고, 그의 사위는 "우리 동네 중국인들은 그리 조용하지 않지만 우리는 아무 문제없이 잘 살고 있는걸요?" 하고 받아쳤다. 사돈어른은 머리를 긁적이며 "뭐냐, 내가 또 실수한 거냐?"하며 웃음을 주었다.

명절의 어느 아침, 아침 겸 점심을 먹자며 호스트 부부가 모두를 불렀다. 겨울이지만 햇살이 좋아 테라스에 식탁을 차렸다. 아침부터 아버지와 함께 어시장에 다녀왔다며 남편의 형이 준비한 식탁은 푸짐한 생굴과 새우, 조개 등의 해산물로 신선하고 화려했다. 모두가 환호하는 가운데 그의 장인어른이 연설하듯 말씀하셨다.

"이렇게 먹는 즐거움을 알고 사람들과 함께 즐기는 사위를 두어서 우리는 얼마나 다행인지 모릅니다. 게다가 먹기만 하는 게 아니라 요리도 잘하고, 식탁도 이렇게 멋들어지게 차리지 않습니까? 내 딸이 인생을 제대로 즐길 줄 아는 사람과 살고 있어서 부모 입장에서도 참 다행이고 또 그런 사람이 우리 가족이라서 뿌듯합니다!"

행여 빈말이었대도, 사위를 칭찬하는 장인의 덕담은 자리에 있던 사람들의 마음에 생기를 주었고 모두의 얼굴에 미소가 떠올랐다. 그날 아침을 생각하면 화창한 햇살 아래 서서 먹던 생굴과 화이트와인이 떠올라 침이 고이고 마음이 싱그러워진다. 콩비비알리테는 결국 '소통의 즐거움'이다. 즐겁고 유쾌한 소통에는 서로에 대한 배려와 존중이 필요하다. 함께 먹는 일에도 그만한 노력이 필요하다.

강박적인 요리사

줄리언 반스에 따르면, 요리사는
강박적인 요리사와 직관의 요리사로 나뉜다.
전자에 대해서라면 나도 들려줄 이야기가 좀 있다.

오늘의 메뉴. 베샤멜을 둘러싸고 벌어진
논쟁 속 라자냐
장소. 파리 12구의 가정집, 불금의 식탁
참석자. 남편과 나

(흔한 일은 아니지만) 요리를 너무 좋아해서 가정에서 매일매일
의 요리를 본인이 담당하는 남자들의 이야기를 가끔 듣는다. 영
국 작가 줄리언 반스도 그런 사람이었음을 알게 됐다. 프랑스어
로 번역되어 나온 것을 뒤늦게 발견하고 최근에 읽은 그의 에세
이《부엌의 현학자The Pedant in the Kitchen》에는 요리와 관련

된 수십여 년 동안의 경험과 단상이 담겨 있었다.

책에 이런 에피소드가 있다. 그의 나이 서른이 갓 넘었던 어느 해, 손님을 초대해 저녁식사를 준비하면서 있었던 일이다. 요리책에 나온 프랑스 비시 지방의 당근요리 '비시 당근'을 만들어 보기한 날이었다. 그런데 요리책 속의 설명이 1번, 2번 다음에 4번으로 건너뛴 것이다. 이미 당근을 다 자르고 다음 순서로 넘어가야 했던 그는 당황해서 아내를 불러 의견을 물었다. 아내도 별수는 없었고, 요리책의 저자에게 직접 물어보라며 전화기를 건넸다고 한다. 저자에게는 귀찮은 일이 아닐까 고민하다가 용기를 낸 줄리언 반스는 전화를 걸었고 해당 부분을 읽어주며 질문을 했다. 그러나 정작 저자는 "제가 보기엔 문제가 없는데요"하더라는 것이다. 아니, 3번이 빠졌는데 인쇄 잘못인지, 편집 누락인지 확인해 달라고, 내용을 알고 싶다며 다시 질문을 했다. 요리책 저자는 다시 한번 레시피를 읽어 보라고 하더니, "제가 보기엔 아무 문제가 없습니다" 했다고 한다. 이런 과정으로 반스는 요리를 잘한다고 해서 반드시 요리를 잘 가르치는 것은 아니라는 결론을 내린다.

물론 유명 셰프라고 해서 그의 요리책도 훌륭한 것은 아님을, 설레는 마음으로 신간 요리책에 돈 좀 써 봤던 우리 애호가들은 잘 알고 있다. 하지만 요리법에 순서가 하나 빠졌다고 저자에게 전화까지 하고, 집요하게 같은 질문을 몇 번씩이나 하는 독자도 범상치 않기는 마찬가지다. 그런 나의 생각을 앞서가며, 반스는 요리하는 스타일에 있어 스스로가 "강박적"임을 인정한다. 요리를 하는 사람은 강박적인 사람과 강박적이지 않은 사람, 두 부류로 나뉜다며, 본인은 레시피의 한 자 한 자를 꼼꼼히 살피고 그대로를 따르는 부류라는 것이다. "강박의 요리사"가 왜 "직관의 요리사"보다 나은지를 한참 설명하던 그는 글의 마지막에 본인의 취향을 가장 잘 설명해 주는 '비시 당근' 레시피의 한 부분을 인용했다.

> 비시 지방의 물에 데친 당근과 탄산이 약간 섞인 수돗물에 데친 당근과 일반 수돗물에 데친 당근, 이 세 당근 사이에 과연 차이가 있을지 의심됩니다.

그리고 덧붙여 이렇게 썼다.

> 이것이 바로 내가 좋아하는 종류의 문장이다.

출근길 지하철에서 이 글을 읽으며 웃음이 터져 나왔다. 그동안 《사랑은 그렇게 끝나지 않는다》, 《10 1/2장으로 쓴 세계 역사》

등의 책을 통해 상상해 왔던 작가의 이미지와는 다른 유머감각도 그렇지만, 무엇보다 당근 데칠 물의 차이까지 고민하는 강박성은 내게도 너무나 익숙하기 때문이다. 모르긴 몰라도 요리에 대한 열의만큼은 줄리언 반스 못지않을, 이미 몇 년 전부터 주방을 혼자 차지하고 접수해 버린 남편 얘기다.

남편은 줄리언 반스가 구분한 두 종류의 요리사 중 강박에 속할 수밖에 없는 사람이다. 궁금한 것이 생기면 정보를 찾고 집요하게 파고들어 실체를 파악해야 만족이 되는 성격 때문인데, 이에 대해 친구들 사이에서 내내 회자되는 일이 있다.

연애 초기, 한국에 놀러 온 남편과 친구 몇 명이 함께 제주도에 놀러 갔을 때다. 여름밤, 콘도 베란다의 테이블에 둘러앉아 맥주를 마시는데 벌 한 마리가 날아와 우리 주변을 빙빙 돌았다. 제주도의 야외라면 충분히 있을 수 있는 일, 누구도 신경을 쓰지 않았지만, 아니나 다를까 옆에서 남편의 동요가 느껴졌다. 가만히 있어 주길 내심 바랐지만 "저거 무슨 벌이야? 저런 종류는 처음 보는데……" 귓속말로 묻기 시작했다. "글쎄, 잘 모르겠는데. 신경 쓰지 마." 그의 궁금증을 자극하지 않으려고 대화에 끌어들이며 화제를 돌렸지만 때는 이미 늦었다. 일행 중 누구도 그 벌의 종류를 아는 사람이 없고 관심도 없는 듯 보이자 그는 조용히 실내로 들어갔다. 그러고는 20분쯤 지났을까, 베란다 문을 벌컥 열더니 다급한 표정으로 조곤조곤 긴 이야기를 시작했다. 거실 컴퓨터에서 검색으로 찾아낸(스마트폰이 없던 시절이었다) 벌의 이름과 종, 성격과 습성에 대해 친구들에게 통역을 해 주라면서. 난데없이 자연백과사전에 나올 법한 설명을 듣던 친구들은 물었다. "그래서 결론이 뭐야?" 그는 말했다. "위험하니까 들어와서 마시자고."

이런 사람이 요리를 하는데 요리책이 중요하지 않을 리 없다. 레시피 앞에서의 자세가 어찌나 집요한지 거의 연구자 수준이다. 요리는 맛도 중요하지만 속도도 중요하다고 생각하는 나와 달리, 그는 레시피가 시키는 대로, 시간이 들더라도(아니, 시간 가는 줄을 모르고) 하나하나 정확하게 요리한다. 그러니 예전에 한국 요리 레시피에 자주 등장하던 "적당량을 넣는다"와 같은 표현 앞에서는 머리를 쥐어뜯기 일쑤고 요즘처럼 전 세계 나름의 요리 고수들이 각자의 블로그를 통해 레시피를 공개하는, 그러다 보니 별별 요리법이 난무하는 시대에는 '진짜'를 찾기 위해 또 엄청난 공을 들인다.

우리 부부에게는 다음 주 금요일 저녁에 무엇을 먹을 것인가를 심각하게 고민하면서 월요병을 극복하는 지혜가 있다. 얼마 전에는 집에서 요리해 보지 않았던 라자냐로 의견이 모아졌다. 라자냐는 대중들에게 사랑받는 음식이지만, 개인적으로 그 안에 들어가는 묵직한 크림소스인 베샤멜°을 좋아하지 않아서 매번 꺼리게 된다. 나는 베샤멜을 넣지 않는다는 조건을 걸고 라자냐도 좋다고 했다. 남편은 깜짝 놀라며 물었다. "어떻게 라자냐에 베샤멜을 안 넣을 수가 있지?" 나는 최근에 갔던 이탈리아 레스토랑에서 베샤멜이 없는 라자냐를 먹었다면서 당연히 가능함을 주장했다.

한 주 동안, 우리는 라자냐 속 베샤멜의 유무를 두고 매일 밤 논쟁했다. 월요일엔 남편이 여러 가지 레시피를 찾아본 결과 베샤멜을 넣지 않으면 라자냐의 모양이 유지될 수 없다고 주장했고, 내가 베샤멜을 넣지 않는 최근의 경향을 검색해 알려 주자, 화요일 밤 남편은 베샤멜이 없는 라자냐 레시피를 찾을 수 있었으나 예상컨대 너무 건조해서 맛이 있을 리가 없다고 주장했다. 나는 내가 먹어 보았고 그리 건조하지 않았다며 다른 레시피를 찾아보자고 했다. 수요일에 남편은 이탈리아 파워 블로거의 글을 찾았는데, 그 사람도 평생을 베샤멜을 넣지 않은 라자냐만을 먹다가 남들은 베샤멜을 넣는다는 사실을 알고 충격을 받았다더라는 이야기를 전했다. 남편은 급기야 고등학교 때 배운 이탈리아어 지식을 총동원해 현지 블로그를 뒤진 것이다. 목요일

___

°   Béchamel. 밀가루, 우유, 버터 등을 넣고 만드는 크림소스

에 그는 라자냐의 기원과 역사, 최초 태생지에 대해 '연구한' 내용을 들려주기 시작했다. 그리하여 베샤멜을 넣은 라자냐와 넣지 않은 라자냐 중 어떤 레시피가 정통일지, 무엇이 나을지 아직 잘 모르겠다는 고민을 토로했고, 그쯤 되니 나는 더 이상 라자냐에 대해 생각하고 싶지 않아졌다. 베샤멜을 넣든 말든, 아무려면 어떠냐! 먹기만 하면 되겠다는 상태로 "그럼 반쪽만 넣는 건 어때?"하는, 한국식 해결책 "반반"을 제안했다.

금요일 밤, 이미 한 주 내내 라자냐를 수십 번은 먹은 것 같은 기분으로 식탁에 앉아 있다가 불현듯 베샤멜 생각이 났을 땐, 이미 접시를 반쯤 비우고 난 상황이었다. 남편은 그제야 기세등등하게 회심의 미소를 지으며 말했다.

"진정한 정통 레시피를 찾았지. 이탈리아에는 자국 요리를 연구하는 요리 아카데미아Accademia Italiana della Cucina라는 기관이 있었어! 변형되고 사라지는 레시피를 보전하는 정부 기관이지. 대단하지 않아? 프랑스에도 그런 곳이 있어야 할 텐데. 그 연구소 홈페이지에 들어가서 찾아봤어. 정통 라자냐는 베샤멜을 넣어야 한대. 다만, 정확한 양을 넣으면 이렇게 담백한 맛이 나지. 전혀 무겁지 않지?"

라자냐 한번 먹는데 이 정도의 신중함이라니, 줄리언 반스가 들으면 "이것이 바로 내가 좋아하는 태도다"할 일이 아닐까? 이 글을 쓰다가 반응이 궁금해 남편에게 반스의 일화를 이야기해 주었다. 평소 작품에서 보여 주던 분위기와는 딴판이지 않냐며 낄낄 웃으면서 말이다. 남편은 내내 시큰둥하게 듣더니 말했다.

"요리책 저자 연락처를 알고 있었나 보네? 부럽군. 나도 전화해서 물어보고 싶은 레시피가 많은데."

아니, 이건 나에게만 웃긴 얘기였나? 연락처만 안다면 전화하고 싶은 요리책 저자 하나쯤은 다들 있는 건가? 어리둥절해지는 순간이었다.

혹시 오해가 있을까 덧붙이자면 남편의 이런 치밀함은 철저히 본인의 관심 분야에서만 발휘된다. 남편 혼자 멀리 떠날 일이 있어 아침에 현관에서 배웅을 했는데, 5분 뒤에 다시 돌아와서 무슨 일인가 보니 정작 여행 가방은 안 들고 자기 몸만 나갔던 일, 같이 여행을 가면서 카메라를 남편이 챙겼는데 도착해서 보니 카메라 가방만 있고 카메라는 없던 일이 부지기수다. 요리를 제외한 일상에서 필요한 꼼꼼함은 불행히도 나만의 몫이다.

고비 씨의 바게트 먹는 방법

여전히 바게트는 프랑스 식생활의 기본이다.
70센티미터의 길다란 빵이 얼마나 다양한 방식으로 사랑받는지!

오늘의 메뉴. 고소하고 시큼하며
부드러운 황금색 바게트
장소. 일요일 아침의 동네 빵집
참석자. 빵집 앞에 길게 줄 선 동네사람들

프랑스 사람을 그림으로 간단히 묘사하기는 지구상 어느 나라 사람보다 쉬울 것 같다. 머리에 베레모를 씌우고, 한 손에 바게트를 쥐어 주면 될 테니. 누구라도 그 두 가지 소품을 보면 단번에 프랑스를 떠올리지 않을까? 아니, 바게트 하나만으로도 우리는 대부분 프랑스인을 유추할 수 있다. 케케묵은 클리셰가 아닐까 의심할 수 있지만, 바게트는 여전히 프랑스의 일상 식문화에서 중요한 부분을 차지한다. 아무리 허름한 레스토랑에서라도, 카페에서 오믈렛 한 접시만 주문했다 해도 프랑스 식당이라면 기본적으로 큼직하게 자른 바게트 빵 한 바구니를 함께 제공한다. 물가 비싼 파리에서 유일하게 인심 좋은 것이 바게트 아닐까 싶다. 파리시가 제공하는 수돗물과 함께 어느 레스토랑에서도 무한 리필이 가능하니까.

나의 동거인 고비 씨 이야기를 하나 더 해 보자면, 그는 프랑스인들 중에서도 유달리 빵을 좋아하는 타입으로 분류될 것이다. 식사와 곁들이는 달지 않은 빵에 한해서 그렇다. 그가 먹는 모습을 곁에서 지켜보면, 바게트가 프랑스의 식문화에서 근간이 되는 이유를 알 수 있다. 대부분의 음식에서 소스나 육수가 중요한 프랑스 요리의 특성 때문이다. 메인요리를 다 먹고 난 다음에도 접시에 남아 있는 소스를 끝까지 먹기 위해서는 바게트가 필수다. 바게트를 한입 크기로 뜯어서 말랑한 부분에 남은 소스를 적시거나 묻혀서 먹는데, 이렇게 야무지게 소스까지 다 비우고 난 뒤의 남편의 접시는 거의 설거지가 필요 없을 정도다.

결혼 초, 집에서 불고기를 해 먹었을 때의 일이다. 다 먹고 나서도 불고기의 소스가 접시에 가득 남은 것을 본 남편이 말했다.

"빵이 있어야 하는데!"

국물을 다 먹고 싶으면 밥을 비벼 먹으라고 말하니 남편은 화들짝 놀라며 말했다.

"여기서 더 먹자고? 밥을 어떻게 더 먹어?"

놀라는 게 웃겨서 "빵이나 밥이나. 빵도 엄청 배불러!" 대꾸하니 남편은 어이가 없다는 듯, 눈을 동그랗게 뜨며 대답했다.

"아니지. 빵은 이 소스를 다 먹기 위한 도구 같은 거지. 숟가락처럼. 그런데 맛있는 숟가락일 뿐이지. 밥은 정말 본격적으로 또 먹어 보자는 거잖아."

이들에게 식사와 함께 먹는 빵의 의미가 무엇인지 잘 이해할 수 있는 대목이었다.

소스가 주가 되는 메인요리뿐 아니라 그 후에 먹는 치즈를 위해서도 바게트로 대표되는 식사빵은 중요하다. 남편이 특히 좋아하는 꿀렁꿀렁한 생마르슬랭Saint-marcellin 같은 치즈를 먹기 위해서는 더욱 그렇다. 바게트를 뜯어 부드러운 안쪽에 버터를 바르고 그 위에 치즈를 올려서 먹는다.

두 사람이 한 끼를 먹고 나면 보통 절반의 바게트가 남는데, 이렇게 남은 바게트는 다음 날 아침에 훌륭한 식사가 된다. 반으로 갈라 토스트기에 구워 먹으면 그만이다. 바삭하고 따끈한 바게트 위에 버터와 과일 잼을 바른 것을 타르틴tartine이라고 하는데, 프랑스의 전형적인 아침식사 중 하나다.

겨울에는 남은 바게트를 모았다가 양파수프soupe à l'oignon
를 만든다. 버터에 잘 볶은 양파에 밀가루를 넣고 진한 소고기
육수를 부어 끓인 다음, 구운 바게트 빵을 먹기 좋게 잘라 넣는
다. 그 위에 에망탈 치즈를 가득 올려 오븐에 그라탕으로 조리
하면 끝. 소고기육수의 기름진 맛을 달콤한 양파가 보완하며 감
칠맛을 내고, 구운 빵이 바삭한 식감과 무게감을 더하며, 쫀득
한 에망탈 치즈 덩어리가 고소한 맛을 낸다. 양파수프는 프랑스
의 대표적인 서민 요리이기도 하고, 개인적으로 겨울나기의 필
수 음식이기도 하다. 먹고 나면 곰탕 한 그릇을 먹은 것처럼 든
든하고 땀이 날 만큼 몸이 더워진다. 유학생 시절부터 감기가
떨어지지 않거나 몸살이 나서 몸이 허하다는 느낌이 들 때면 카
페에 나가 양파수프를 시켜 먹었다.

치즈와 햄, 소스를 빵과 함께 먹는 습관은 비단 프랑스뿐 아
니라 서양 많은 나라의 식문화다. 다만 빵이라고 다 같지 않고,
프랑스 요리와 곁들이기에는 프랑스식 빵이 가장 훌륭하다고
프랑스인들은 생각한다. 빵의 질감과 고유의 향이 프랑스 요리
에 가장 잘 어울린다는 것이다. 또한 바게트라고 다 같은 것은
아니며, 그중에도 훌륭한 바게트가 있다. 남편이 생각하는 맛있
는 바게트란 이렇다.

"겉은 바삭하고 속은 부드러워야 해. 가장 중요한 건 겉껍질의 식감과 고소함이라고 생각해. 눌러 보았을 때 그저 말랑하고 푹신하면 안 돼. 껍질은 두꺼워야 하고 잘랐을 때 바삭거림이 느껴져야지. 겉껍질에서 나오는 살짝 시큼하면서도 고소한 맛, 그 풍미가 진정한 바게트의 맛이라고 생각해."

길이 55~70센티미터, 두께 지름 5~6센티미터의 막대기 모양 빵을 바게트라는 이름으로 통칭하고 있지만, 밀가루의 종류와 크기에 따라 바게트에도 몇 가지 종류가 있다. 우리 부부가 가장 좋아하는 바게트는 "전통"이라는 의미의 트라디시옹tradition 바게트다. 트라디시옹은 이름과는 달리 비교적 최근인 1993년 9월에 법적으로 호칭을 인정받았는데, 재료로 밀가루와 효모, 소금, 물만 사용하고 오랜 시간 저온에 발효한 바게트를 가리킨다. 겉껍질의 풍미와 크림색을 띠는 속 빵의 부드러움, 일반 바게트에 비해 진한 맛이 특징이다.

빵집마다 제빵사는 가장 자신 있는 종류의 바게트를 주력상품으로 내놓는다. 우리 동네의 빵집 하나는 (내 기준으로) 다른 빵은 별로지만 바게트는 여느 빵집에도 뒤지지 않을 만큼 잘 만든다. 여기에는 비법이 있고, 이를 구별하기 위해 이곳의 바게트에는 자기만의 이름이 붙었다. 빵집이 위치한 거리인 "트라베르시에Traversière"라는 이름이다. 두께와 바삭거림 모두 완벽한 이곳의 황금색 바게트에서 남편은 담백하고 고소한 진짜 옛날 빵의 맛이 난다고 했다. 매일 저녁과 주말 아침 동네사람들은 길게 줄을 서서 트라베르시에를 샀는데, 얼마 전 빵집 유리창에 제빵사가 동네사람들에게 전하는 장문의 편지가 붙었다. 아이들이 모두 독립해 살게 됨에 따라 자신은 이만 퇴직을 하고 빵집을 다른 제빵사에게 넘기겠다는 알림이었다. 사람들은 그동안 수고했다는 축하의 말을 전했지만, 솔직히 그리 좋은 소식은 아니었다. 트라베르시에가 주는 일요일 아침의 행복이 사라질지도 모른다는 생각에 우리 부부를 비롯, 매일 빵집 앞에 줄을 서던 동네사람들은 동요했다. 새로운 제빵사가 들어와 내부 공사를 하던 그 얼마 동안 사람들은 트라베르시에의 대안을 찾아 저마다 다른 빵집으로 흩어졌다. 그래도 다행히 방황은 길어지지 않았다. 퇴직한 제빵사는 가게를 넘기며 새 주인에게 트라베르시에의 비밀도 함께 전수했고, 새 주인은 그 맛을 제대로 구현해 냈기 때문이다. 트라베르시에를 먹을 때마다 문득문득 생각한다. 동네 빵집과 동네사람들의 의리와 배려에 대해, 아주 하찮을 수 있지만 사람들 일상의 한 부분을 담당하는 사람이 갖는 책임감과 사명감에 대해. 그런 직업인이 많아질수록 높아지는 삶의 질에 대해.

남편과 바게트 빵이 가장 맛있는 순간이 언제일까 하는 얘기를 나눈 적이 있다. 나는 당연히 방금 오븐에서 나온 따끈따끈한 빵을 들고 집에 돌아가는 길에 그 향긋함에 못 이겨 한입 베어 무는 순간이라고 대답했다. 그보다 더 강렬한 순간은 없으리라 확신했는데 남편은 내가 예상치 못했던 순간을 이야기했다.

"레스토랑에서 주문한 음식을 기다릴 때 식탁 위에 놓인 빵에 겨자를 살짝 발라서 먹으면 산뜻하면서도 톡 쏘는 맛, 거기에 고소한 맛이 같이 어울리면서 입맛이 확 돌거든. 그때 식탁 위의 빵이 신선하고 겨자가 디종산이라면 금상첨화지. 나에겐 그때가 최고의 순간이야."

가장 서민적이고, 흔한 바게트 빵 하나가 이토록 다양한 맛으로 기쁨을 줄 수 있다니, 미식은 그야말로 먼 곳에 있지 않다.

그러므로 먹는 일에
인간의 품격이 있다

요리를 하고 요리를 먹는 일은 시간예술에 속한다.
일정한 시간을 점유하지 않고는 이루어지지 않고,
한번 지나가고 나면 돌이킬 수 없다.

오늘의 메뉴. 세 여인이 가져온 계란,
소시지, 양 콩팥

장소. 영화 〈사랑하고, 마시고, 노래하라〉
속 조르주의 집

참석자. 죽음이 가까워 오지만 하루하루를
즐기는 남자 조르주

프랑스의 국내 영화제인 세자르영화제 시상식에는 그해 세상
을 뜬 영화인들을 애도하는 시간이 있다. 2014년에는 영화감독
알랭 레네를 추모하는 자리가 있었다. 영상이 마무리되자 무대
뒤에서 세 명의 배우들이 레네 감독의 사진을 들고 앞으로 걸어
나왔다. 카메라는 객석 맨 앞줄에 앉아 있던 노년의 배우 사빈

아젬마의 얼굴을 비추었다. 그녀는 무대 위의 동료 배우들을 보자마자 울음을 터트렸다. 고통과 슬픔으로 일그러진 얼굴로 예순이 훌쩍 넘은 여배우가 아이처럼 엉엉 울었다.

1959년 〈히로시마 내 사랑〉의 세계적인 성공 이후 프랑스를 대표하는 감독 중 하나가 된 알랭 레네와 배우 사빈 아젬마가 처음 만난 것은 1983년이었다. 사빈 아젬마가 서른셋, 알랭 레네는 예순하나였다. 두 사람이 처음 만나 함께 작업한 〈인생은 소설이다〉라는 영화에서 사빈 아젬마는 처음으로 주연을 맡으며 연기력을 인정받기 시작했고, 그 후로 둘은 여섯 편의 영화를 함께하고 1998년 결혼했다. 1983년 작품부터 유작까지 알랭 레네 감독의 모든 영화에는 사빈 아젬마가 주인공으로 등장했고, 그녀 특유의 씩씩한 발성과 밝은 웃음소리, 명랑한 기운은 영화의 구석구석에 스며들었다. 그들은 서로의 작업에 깊숙이 영향을 미치며 또 다른 세계를 공고히 창조해 냈다.

영화 편집을 하는 프랑스인 친구가 있다. 사빈 아젬마의 개인적인 영상 작업에 참여하면서, 그 일 때문에 매주 알랭 레네와 사빈 아젬마가 사는 집에 가게 되었다며 몇 해 전 연락을 해 왔다. 알랭 레네의 영화로 논문을 쓸 정도로 그에게 뜨거운 애정과 존경을 품고 있는 우리 부부는 당연히 궁금한 것이 많았다. 친구는 알랭 레네 감독이 잘 듣지 못하고, 혼자 거동하기도 불편할 정도로 노쇠해서 사빈 아젬마가 걱정을 자주 털어놓더라고 전해 주었다. 영원한 청년 같았던, 매해 새로운 영화를 내놓던 그가 죽음을 향해 가고 있다는 소식은 씁쓸했다.

레네 감독이 92세의 나이로 세상을 떠난 2014년, 친구는 오랜만에 사빈 아젬마에게 안부 전화를 했다. 괜찮으시냐는 인사에 아젬마는 울먹이면서 말했다고 한다. "그거 알아요? 나 알랭이 떠난 이후로 지금까지 몇 달째 집에 못 들어가고 있어요. 그 사람이 떠났다는 사실이 너무 실감날 것 같아서 못 들어가겠어요." 얼굴의 주름이 무색할 만큼 씩씩하고 명랑했던 노배우가 남편의 부재를 받아들일 수가 없어서 인생의 어느 문턱 앞에서 서성이고 있었다.

평생의 필모그래피에서 비슷한 영화를 찾아보기 힘들 만큼 매번 형식적, 장르적 실험을 해 왔던 레네지만, 그의 영화 전반에서 계속적으로 나타나는 주제 중 하나가 있다면 바로 '기억'이다. 특히 초중반 대표작에서 두드러지는데, 영화 속 인물들은 현재 진행되고 있는 시간에서 살고 있지 않았다. 지나간 사건들을 각자의 방식으로 기억하며 이를 토대로 과거를 복원하거나(〈히로시마 내 사랑〉), 현재에서 과거를 반복하고 변주해 나가거나(〈사랑해, 사랑해〉), 주관적으로 기억하는 시간의 영향력 속에서 현재를 이어 나갔다(〈뮤리엘〉). 제임스 카메론, 폴 버호벤, 마

이클 베이, 알폰소 쿠아론과 같은 할리우드의 SF 감독들이 알 랭 레네에게 영향을 받았다고 고백하고, 크리스토퍼 놀란 감독의 〈인셉션〉이 레네의 〈사랑해, 사랑해〉와 많은 부분 닮았다는 분석이 나오는 것도 자연스럽다.

철학자 질 들뢰즈가 《대담Pourparlers 1972~1990》에서 "레 네는 하나의 주제만 가지고 있었다: 죽음에서 되돌아온 사람"이 라고 쓴 것도 같은 맥락일 것이다. 기억은 지나간, 끝난 시간을 되돌려 떠올리는 행위이므로, 죽고 나서 다시 돌아온 사람과도 같으니까.

세자르영화제에서 사빈 아젬마의 얼굴, 돌이킬 수 없는 시 간과 완벽하게 떠나가 버린 존재에 대한 그리움으로 고통스럽 게 일그러진 얼굴을 보며 레네의 영화 속 화두를 떠올렸다. 그 순간 TV 화면 속 사빈 아젬마는 시간을 돌이켜 회귀하고 있는 "죽음에서 돌아온 사람"이었다. 나는 생의 냉정함을 목격한 것 같아 순간적으로 형언할 수 없는 슬픔과 허무에 휩싸였다.

미셸 옹프레는 《미식의 이성》에서 영화와 음악과 요리가 "공통적으로 속임수가 불가능한 시간의 예술"이라는 점에서 서 로 매우 닮아 있다고 썼다.° 악보 앞에서든, 카메라 (혹은 편집기)

°   Michel Onfray, *La Raison Gourmande*, Le livre de Poche, 1997, p.235

앞에서든, 조리대 앞에서든 세 가지 예술에서 시간을 계산하고 다스리는 일은 핵심적이다. 특히 요리는 이미 재료 자체가 '일정 세월을 살아 낸' 결과물이라는 점에서 시간성을 한 겹 더 입는다. 감상방식도 그렇다. 영화와 음악 감상은 물론이고 요리를 맛보고 식사하는 일에는 창작자가 지정한 만큼의 어느 일정한 시간이 필요하다. 이런 맥락에서 옹프레는 영화, 음악, 요리를 만들어 내는 예술가는 모두 '시간의 조각가'와 같다고 말한다.

무엇보다 시간예술의 기본적인 성격은 덧없음이다. 한번 흐르고 나면 돌이킬 수 없는 시간처럼, 영화도, 음악도 작품의 정해진 시간에 한 번의 감상이 시작되고 끝이 난다. 요리의 감상법은 더더욱 그렇다. 일정 시간을 들여 맛을 보고 식사를 끝내면 돌이켜 두 번 감상할 수 없다. 결국엔 시간의 기억, 그 정신적 흔적만이 남는다. 그 외엔 남는 실체가 없다.

그렇게 보면 요리는 삶과 너무나 닮아 있다. 마들렌을 한입 베어 무는 순간 어린 시절의 기억이 생생하게 되살아나는 것처럼, 수십 년의 외국생활 중에 한순간 스치는 맛의 기억으로 고향의 어느 시절로 시간여행을 떠나는 것처럼 말이다. 결국 살아온 시간의 흔적과 이에 대한 기억을 제외하면 아무것도 남지 않는다. 하지만 그 유한성 때문에, 순간순간은 간절하고 소중하다. 비록 "죽은 자"가 되어 돌아오는 것이라 해도 다시 살아 볼 수 있는 기억은 자체로 새로운 삶이다. 그러므로 요리사는 "기억을 창조하는 사람"이라고도 할 수 있겠다.

알랭 레네가 사망하고 3주가 지나자 그의 마지막 작품, 〈사랑하고, 마시고, 노래하라Aimer, Boire et Chanter〉가 개봉했다. 생의 마지막 순간이 다가오고 있음을 알고 있던 감독은 어떤 이야기를 하고 싶었을까? 멜로부터 다큐멘터리, 뮤지컬까지 다양한 장르를 넘나들었던 감독의 마지막 선택은 유쾌하고 가벼운 코미디였다.

영화는 영국의 작은 동네에서 시작한다. 중년의 세 커플에게는 공통의 친구가 있는데, 그 친구가 암에 걸리고 길어야 6개월이라는 시한부 판정을 받았다고 전해진다. "조르주"라는 이름의 이 친구는 영화가 끝날 때까지 한번도 직접 등장하지 않지만 모든 이야기의 중심에서 인물들의 삶을 움직인다. 특히 세 커플의 아내 쪽 마음을 흔드는데, 암에 걸린 친구에 대한 아내들의 마음이 조금씩 특별해지면서 이야기는 활기를 띤다. 의미 없는 대화와 뻔한 거짓말, 배우자의 부정으로 각자 결혼생활에 지쳐 가던 세 여인은 죽음을 앞둔 남자친구의 유혹에 마음을 빼앗긴다. 그리고 본인의 인생에 점점 긍정적인 의미를 부여하게 된다. 배우자의 생기 있는 모습에 남편들이 동요하면서 커플들은 서로의 관계에 집중하기 시작하고 각각 결혼생활에서 다시 행복을 찾게 된다는 이야기. 영화의 마지막 장면에서 조르주의 존재는 처음으로 프레임 안에 등장하지만 이미 사망한 뒤라서 땅속에 묻혀 있다. 여섯 명의 친구는 그의 무덤에 장미꽃을 던지고 서둘러 퇴장하는데, 그중에는 무덤을 살짝 돌아보고 결심한 듯 냉정하게 발걸음을 옮기는 사빈 아젬마도 있다. 브르타뉴 지방의 민화에서 죽음을 상징하는 문양인 안쿠Ankou가 무덤에 놓이고 "끝fin"이라는 타이틀과 함께 경쾌한 음악으로 영화는 끝난다.

영화는 레네 감독이 주변 사람들에게 전하고 싶었던 작별의 편지일 것이다. 나와의 이별을 간단히 마치고 각자 자신의 생을 즐겁게 이어 가라는 당부이고, 나 또한 그대들과 행복했다는 메시지일 것이다. 영화 내내 유령처럼 떠돌지만 실체는 드러나지 않았던 조르주라는 인물은 죽음 이후 영화로만 남거나 기억으로만 남을 레네 감독 스스로에 대한 은유라고 볼 수 있겠다. 그러니 또한 영화는 남겨진 사람들 사이에서 경쾌한 기억이 되고 싶다는 그의 희망사항일지도 모르겠다.

돌이킬 수 없이 사라져야 하는 생의 운명은 허탈하다. 미셸 옹프레는 역설적이지만 그런 맥락에서 하루하루의 식사는, 먹는다는 것은 결국 죽음에 대한, 아무것도 없음에 대한 저항이라고 말한다. 그는 "죽음에도 불구하고 아름답고 마술 같은 순간

들을 만들어 내며 허무를 고양시키려는 의지"에 인간의 품격이
있다고 말한다. 소설가 제임스 설터는 여든이 넘어 부인과 함께
출간한 음식 에세이에 이렇게 썼다.

> 식사는 문명의 상징이다. 식사의 기억이 없다면, 살아 볼
> 만한 삶에 대해, 그 밤들에 대해 무엇을 이해할 수 있겠는
> 가?°

알랭 레네의 유작의 제목을 다시 돌아본다. 〈사랑하고, 마시고,
노래하라〉.

°　James Salter & Kay Salter, *Life is Meals: A Food Lover's Book of Days*,
Pan Macmillan, 2006

입맛의 국경

프랑스 남자와 결혼했다고 하면 사람들은
입맛이 달라 어떡하냐는 우려를 전해 온다.
그럴 때마다 기분이 썩 유쾌하지는 않다.

오늘의 메뉴. 떡볶이와 프랑스식 순대
부댕boudin
장소. 파리 12구의 우리 집
참석자. 입맛의 국경을 넘는 두 사람

프랑스 남자와 결혼했다고 하면 사람들이 가장 궁금해하는 것
중 하나가 남편의 입맛이다. "집에서는 어떤 음식을 드세요?" 혹
은 "남편분이 김치를 잘 드세요?" 같은 질문은 특히 한국 사람들
을 만났을 때 자주 듣는다. 프랑스 사람들이 이런 질문을 하지
않는 이유는 프랑스에서는 국적이 다른 사람들이 커플인 경우

가 흔하기 때문일 것이다.

대체적으로 우리나라 사람들에게는 한국 음식 특유의 맛, 즉 김치나 고추장의 칼칼함과 국물요리의 시원함이 한국인으로 태어난 이상 참아지지 않는다는 믿음이 있는 것 같다. 며칠 해외여행을 떠나면서 컵라면과 고추장을 준비하고, 어느 나라에 가더라도 일정에 한국 레스토랑에서의 한 끼를 포함시킨다는 점은 굳이 얘기하지 않더라도 말이다. 그러면서 우리는 이렇게 말한다.

"어쨌거나 한국인은 한국인이지. 입맛은 어쩔 수 없어."

한국인이기 때문에 어찌해 볼 수 없는 가련한 운명적 입맛, 타국민의 음식을 느글거리다고 감각하는 한국식 위장이 가진 비련함이랄까. 그 안에 있을 때는 몰랐지만, 한 발짝 떨어져서 생각해 보니 재미있다는 생각이 든다.

남편과 연애 중일 때 누군가 걱정스럽게 물어왔다. 국제 결혼한 커플들이 나이가 들면 다들 냉장고를 따로 쓴다는데 괜찮겠냐고. 신혼 때는 '사랑'으로 입맛의 차이를 극복할 수 있지만 나이가 들어서는 관계도 노후해져 극복하기보다는 인정하는 쪽으로 생활이 바뀐다는 말이었다. 별다른 의도 없이 흔하게들 하는 말이었지만, 당시의 나는 그 말이 얄미웠다. 그 말 속에서 "너희들은 어쩔 수 없이 다르다"를 표현하고 싶은 의지를 느꼈기 때문이다.

　돌아보면 이 관계가 발전할 수 있었던 진짜 이유는 사실 '다름'에 있다고 할 수 있다. 상대가 나와 다른 세계에서 살아온 이방인이라는 점은 서로의 호기심을 자극하며 강한 매력으로 다가왔는데, 그 중심에는 상대의 식문화도 있었다. 한국과 프랑스, 먹는 일에 대해서라면 남부럽지 않은 열정과 자긍심의 나라에서 온 우리 두 사람에게는 더 잘 먹기 위한 노력을 경시하지 않는다는 공통의 자세가 있었다. 게다가 남들보다 조금 더한 식탐까지 있었다.

　지금까지 아시아 음식이라고는 일본의 스시와 꼬치구이, 중국의 볶음밥과 소고기볶음, 탕수육 정도가 다였다는 그에게 된장찌개, 갈비, 보쌈, 냉면은 새로운 세계였다. 외국인들은 싫어한다는 된장, 푹 익은 김치같이 냄새나는 음식들을 과연 잘 먹을 것인가 하는 나의 걱정 또한 아주 빨리 기우로 드러났다. 돼지 발, 소의 혀, 거위의 간, 달팽이까지 요리해 세계적인 음식으로 끌어올린 민족의 후예는 어떤 냄새에도 선입견이 없었고, 웬만해선 이질감을 표현하지 않았다. 발효음식이라면 이미 치즈와 요구르트로 익숙했고, 심지어 매운 음식조차 (어떤 경우엔 나보다) 잘 먹었다. 아버지 직장 때문에 어린 시절을 마티니크라는 프랑스령 대서양 섬에서 보내 향신료와 매운 음식이 익숙한 덕분이었다.

내가 가장 감동하며 취해 있었던 그의 세계는 요리 앞에서의 진지함이었다. 아니, '남자사람의 요리에 대한 자세'라고 해야 맞겠다. 나는 요리와 집안일은 기본적으로 여성의 몫이라는 생각이 상식으로 통하던, "여자애가 집안일을 못해서 큰일"이라는 핀잔이 난무하는 환경에서 자랐고, 자라는 내내 이에 불만이 많았다. 자연스럽게 요리는 굳이 잘하고 싶지 않은, 열심히 하고 싶지 않은 일이 되었다. 그러니 가정적인 남자, 요리하는 남자가 마음에 들어오는 일은 너무 쉽지 않았겠는가. 유학 초기엔 저녁시간 마트에서 아이를 데리고 장을 보고 있는 양복쟁이들의 모습에 이상한 감동까지 느꼈으니 말이다.

아무리 프랑스 남자들이 요리를 즐긴다고 하더라도, 20대 초반 학생들의 관심이 요리에 쏠려 있을 리 없다. 대부분의 청년들에게 질보다는 양이 우선이고, 무엇보다 가성비가 중요하다. 외식이 비싼 프랑스에서는 대부분 누군가의 집에서 모이게 되는데, 그럴 땐 그저 냉동피자나 감자칩, 전자레인지나 물에 살짝 데친 비엔나소시지로 배를 채우고 이후에는 마시기에 집중한다. 하지만 그가 있으면 달랐다. 본인 집이 아니더라도 그는 냉장고를 뒤져 조금이라도 나은 요리를 내놓았고, 무슬림 친구가 있으면 돼지고기가 없는 무언가를, 채식주의자가 있으면 채소요리를 해 주었다.

한국에서는 상상도 못 했던 김치 담그기를 해 보았던 이유는 김치를 먹기 위해서라기보다 과정을 함께 경험해 보고 싶은 마음 때문이었고, 그가 모르는 나의 어떤 세계를 알려 주고 싶어서였다. 그도 그랬을 것이다. 그렇게 복잡하고 손 많이 가는 프랑스 요리들을 엄두 냈던 이유는 꼭 그걸 먹고 싶어서였다기보다 내가 모르는 그의 세계를 소개하고 경험하게 해 주고 싶은 욕심에 있었을 것이다. 우리는 그렇게 좀 더 감각적인 방식으로 서로를 알아 가기 시작했다. 섬세하고 다변적이고 딱 떨어지지 않아 모호한 프랑스 요리와 직접적이고 강렬하고 오랜 시간 발효된 맛이 중심인 한국 요리는 서로 너무나 달라서 우리는 황홀한 탐험을 할 수 있었다.

호감을 느끼는 상대와 더 긴밀한 열정으로 관계를 이어 가기 위해서는 어떤 인식이 먼저여야 할까? 나와 비슷한 사람이라는 공감대와 친밀감일까, 나와 다른 사람이라는 호기심과 동경일까? 아주 오랫동안 나는 우리 두 사람이 정서적 베이스가 비슷한 상태에서 서로를 알아보고, 영화라는 공통의 관심사로 같은 방향의 미래를 그리면서 관계가 지속될 수 있었다고 믿었다. 시간이 더 지나 지금에 이르고 보니, 모든 과정은 너무 다른 서로의 세계 덕분으로 화려했고, 뜨거웠고, 때로는 어려웠으며,

그래서 오래 지속될 수 있었다.

2016년 7월, 노르망디의 작은 마을에서 IS가 테러를 자행했다. 이 가톨릭 신부 테러 사건 직후 프랑스에서는 종교의 다름을 앞세워 공존의 불가능을 소리 높여 이야기하는 사람들이 많아졌다. 특정 종교의 사람이 프랑스에 살기 위해서는 일종의 '검증' 장치를 거쳐야 한다는 주장까지 나왔다. 이미 몇 세대째 프랑스에 살고 있으면서 때로는 테러의 피해자이기도 했던 이민자 가족들도 곱지 않은 시선을 받았다. 그런 와중에 테러 현장에 누군가 가져다 놓은 글귀가 사람들의 시선을 끌었다. 사람들은 글귀가 적힌 종이를 촬영해 인터넷에 올렸고, 문장은 자주 인용되며 담론이 형성되는 계기를 마련했다. 안나 가발다의 소설에 수록된 문장이었다.

함께 사는 데 방해가 되는 것은 사람들의 어리석음이지 차이가 아니다.°

인생을 충분히 경험했다는 사람들은 자주 말한다. "사람 사는

° "Ce qui empêche les gens de vivre ensemble, c'est leur connerie, pas leurs différences." Anna Gavalda, *Ensemble, c'est tout*(함께라면 그걸로 족하다), Le Dilettante, 2004

거 다 똑같다"고. 그럼에도 나는 나이가 들수록 우리가 구별 짓기의 명수들이 되고 있다는 생각이 든다. 때로는 더 유리한 위치에 서기 위해, 때로는 든든한 내 편을 만들기 위해, 때로는 혹시 모를 위험을 없애기 위해, 우리는 타고난 성별부터 고향, 학벌, 종교, 사회적 위치 등등 겹겹이 더 많은 필터를 쌓으며 살고 있지 않은가.

사람 사는 거 다 똑같지만, 나(우리)와는 다른 사람들을 더 만들면서 힘을 얻는 것이 사회생활인가 보다는 생각을 한다. 하지만 이렇게 새롭게 언급되는 다름의 기준들은 많은 경우 불순하다. IS의 총구가 무고한 시민들을 향한 이유는 종교의 다름 때문이 아니라, 부추겨진 분노와 증오의 감정 때문이었고 그 뒤에는 권력 확장의 목적이 있다. 프랑스 내에서 종교와 민족의 다름을 자꾸만 들춰내는 극우파의 뒤에도 세력 확장의 목적이 있다. 우리가 끄집어내는 새로운 다름에는 대부분 정치적인 의도가 있다. 여기에서 소외된 사람들은 피해자가 되거나 또 다른 세력이 된다.

출발이 잘못된 것 같다. 인간은 처음부터 서로 다른 존재들이고, "사람 사는 건 어차피 다 다르다"고 이야기하는 게 맞지 않을까? 우리는 비슷한 사람들끼리만 뭉치고 싶어 하면서도, 그 안에서 개인의 다름 또한 드러내고 싶어 하지 않는가. 기본적으로 부모와 자식이라도, 아무리 친한 친구라도, 죽고 못 사는 연인이라도 다를 수밖에 없음을 진리로 여기고, 서로의 국경을 넘듯이 소통과 존중을 당연한 과정으로 여긴다면 우리의 마음은, 또 세계는 조금 더 평화롭지 않을까.

매일 국경을 넘으며 같은 음식을 나눠 먹다 보니 우리 두 사람의 입맛은 이제 많이 닮아 있다. 나의 한국식 위장은 이제 김치가 없어도 수개월은 아무렇지도 않고, 남편은 혼자 있어도 김치볶음밥을 해 먹는다. 그러나 비슷해지는 것만이 건강한 관계라고 여기지 않겠다. 어차피 다 같을 수 없는 두 사람인데, 언젠가 냉장고를 두 개 사용해야 한다 해도 뭐 어떤가. 언젠가 함께할 수 없을 정도의 위기가 온다면 두 사람이 다르기 때문이 아니라 이를 극복할 의지가 없어서일 것이다.

같이 산 세월이 길어지면서 식탁 이외의 곳에서도 남편과의 차이를 조금씩 발견하게 된다. 그 '조금씩'은 앞으로 '많이'로 바뀔 것이다. 어쩌면 오랫동안 우리는 서로에게서 보고 싶은 것만을 보면서 그것이 진실이라고 믿었는지도, 지금도 믿고 있는지 모르겠다. 하지만 많은 순간이 오해라고 해도, 진실은 시간이 지남에 따라 조금씩 떠오르거나 영영 떠오르지 않는다고 해도, 그 시간이 그리도 달콤하고 황홀했다면 그걸로 됐다. 어차피 지나고 나면 각자의 방식으로, 각자의 맛으로 기억될 텐데.

뭐 어떤가. 그토록 색다른 서로가 만나 새로운 우주가 탄생했으
니 말이다.

함께 식사하며 서로의 국경을 넘는 일

말이 통하지 않아 자기 세계를 벗어나지 못하는 이방인에게 이국의 음식은 가장 쉽고 친절한 외국어였다. 낯선 나라에 혼자 떨어져 사는 일은 쉽지 않았지만, 내가 도착한 곳은 미식가의 고향이라는 프랑스였고, 다행히 나는 식탐이 많았다. 프랑스식 식사는 곧장 가난한 유학생의 비밀스럽고 사치스러운 취미생활이 되었다. 식탁 앞에서 많은 시간을 견뎠다. 어느새 18년이 지났고, 나에게 식탁은 음식을 놓는 공간을 넘어서서 프랑스 사회를 읽고 통찰하는 장소가 되었다.

해외여행이 흔해지면서 여행의 방식도 '구경하기'에서 '살아 보기'로 바뀌고 있지만 프랑스문화의 핵심 중 하나인 음식에 대해서는 여전히 독자들과 나눌 이야기가 많다. 또한 프렌치 레스토랑이라고 하면 자동으로 연상되는 고급스러운 이미지와 복잡한 이름들 때문에 프랑스 요리는 여전히 부담스러운 존재다. 프랑스 요리를 좋아하고, 일상적으로 즐기는 사람으로서 내가 경험한 식탁들을 편안하게 소개하고 싶었다.

요리사도, 음식 전문가도 아닌 내가 음식 관련 책을 쓸 자격이 있을까, 오래 고민하며 스스로를 의심했다. 그럼에도 계속 쓸 수 있었던 이유는 이 책이 음식만을 이야기하지는 않기 때문이다. 쓰고 나니 이야기들 속에서 계속 찾아다녔던 것이 수평적 식탁의 가능성임을 알겠다. 프랑스인에게도 까다롭고 어렵다는 프랑스 요리가 2000년대 들어 바뀌어 나가는 맥락도, 여럿이 함께해도 즐거운 식탁이 가능한 이유도 결국 수평성에 있는 것 같다.

먼 곳에서 국경을 넘어온 사람을 이방인이라 지칭하지만, 우리는 모두 서로에게 이방인이다. 같은 언어를 쓰고, 가까운 곳에 살아도 예의를 갖추어 서로의 국경을 넘어야 한다. 그렇게 생각하니 서로 다른 세계의 사람들이 만나 동물적인 속내를 보이며 함께 식사를 하는 일이 각별하게 느껴진다. 이 책이 먹는 일, 함께 먹는 일, 그리고 멀고 가까운 이웃의 식탁 위에서 벌어지는 일의 의미에 대해 문득 새롭게 바라보고 생각할 수 있는 기회가 됐길 바란다.

글쓰기는 혼자 하는 일이지만, 글 쓸 일이 많아질수록 고마운 사람들이 늘어 간다.

우선, 자신들의 이야기를 마음껏 쓰라고 흔쾌히 허락해 준 프랑스인 가족, 친구 들과 인터뷰에 응해 준 카브 '이시멤므'의 사장님들, 김윤선 셰프님에게 감사의 마음을 전한다.

신주영 대표님께 감사드린다. 원고의 초창기, 나보다 더 큰 확신을 가지고 만방으로 애써 주었고, 이에 계속할 수 있는 뜨거운 격려를 얻었다.

서진영 작가님이 아니었다면 이 책이 자기 자리를 찾아갈 수 있었을까 싶다. 불쑥불쑥 드린 무례한 부탁도 다정하게 받아 주고, 매번 온 힘을 다해 도와주었다.

박상권 기자께도 고마움을 전할 수 있어 뿌듯하다. 바쁜 시간 쪼개어 기꺼이 원고를 읽어 주었고, 언제나처럼 빛나는 아이디어를 나누어 주었다.

내가 아는 가장 열정적인 식탁 위의 철학자 강하라 님과 심채윤 님, 점심시간마다 회사 앞 공원을 수십 바퀴씩 돌며 함께 고민해 준 85년생 김지영 님과 오랜 친구 상미는 이 책을 떠올릴 때마다 두고두고 고마울 사람들이다.

어려운 부탁을 선뜻 들어준 당인리 책발전소의 김소영 대표에게도 고마움을 전한다. 그에게도 내게도, 책은 제2의 혹은 제3의 인생을 시작할 계기가 되었다. 삶은 얼마나 많은 우연과 아이러니로 가득 차 있는지. 그와의 인연이 책이라는 교집합으로 다시 이어질 수 있어 기쁘다.

내 글을 나보다 더 아끼고 고민해 주는 편집자의 존재는 모든 저자에게 절대적인 행복일 것이다. 어떤책의 눈 밝은 대표 편집자님과 함께 작업하면서, 행간에 숨겨진 두려움과 주저, 비겁함을 보는 그분의 정확한 시선과 진실한 글을 끌어내는 집요함 앞에서 내내 즐거웠다. 익숙지 않은 프랑스어 자료까지 꼼꼼히 살피느라 고생도 많으셨다. 더 나은 글을 쓸 수 있게 됐다면, 모두 대표님 덕이다.

끝으로, 글을 읽으며 이국에서 함께했던 식사를 떠올릴 나의 내밀한 존재들에게, 가족들에게 인사를 전한다.

그리고 언젠가는 이 책을 읽을 수 있을지 모를 나의 사랑하는 R 에게, 마지막 문장을 선물하겠다. 당신이 있었으므로, 이 책도 존재할 수 있었다.

외로워서 배고픈 사람들의 식탁

French Tables with Lonely People

ⓒ 곽미성, Printed in Korea

2판 1쇄 2022년 3월 25일
1판 1쇄 2018년 7월 5일
ISBN 979-11-89385-28-6

지은이. 곽미성
펴낸이. 김정옥

편집. 김정옥, 조용범, 눈씨 **마케팅.** 황은진 **디자인.** 장혜림
종이. 한승지류유통 **제작.** 정민문화사 **물류.** 출마로직스

펴낸곳. 도서출판 어떤책 **주소.** 03706 서울시 서대문구 성산로 253-4 402호
전화. 02-333-1395 **팩스.** 02-6442-1395 **전자우편.** acertainbook@naver.com
블로그. blog.naver.com/acertainbook **페이스북.** www.fb.com/acertainbook
인스타그램. www.instagram.com/acertainbook

+ 파본은 구입하신 서점에서 바꾸어 드립니다.

안녕하세요, 어떤책입니다. 여러분의 책 이야기가 궁금합니다.

블로그 blog.naver.com/acertainbook
페이스북 www.fb.com/acertainbook
인스타그램 www.instagram.com/acertainbook

점선을 따라 가위로 오려서 보내 주세요. 우표 없이 우체통에 넣으시면 됩니다. ✂

보내는 분

이메일

주소

이름

03706 서울시 서대문구 성산로 253-4 402호

a
certain
book

도서출판 어떤책

우편요금
수취인 후납
발송유효기간
2021.7.1-2023.6.30
서대문우체국
제40454호

저희 책을 읽어 주셔서 감사합니다. 독자엽서를 보내 주시면 지난 책을 돌아보고 새 책을 기획하는 데 참고하겠습니다.

1. 《외로워서 배고픈 사람들의 식탁》을 구입하신 이유

2. 구입하신 서점

3. 이 책에서 특별히 인상 깊은 부분이 있다면 무엇인가요?

4. 꽃미성 작가에게 하고 싶은 말씀이 있다면 들려주세요. 대신 전해 드립니다.

5. 출판사에 하고 싶은 말씀이 있다면 들려주세요.

보내 주신 내용은 어떠한 SNS에 무기명으로 인용될 수 있습니다. 이해 바랍니다.

점선을 따라 가위로 오려서 보내 주세요. 우표 없이 우체통에 넣으시면 됩니다. ✂